Erfolgreiche Feedback-Kultur im Team etablieren:

…Workshops vorbereiten, durchführen, nachhalten

Eine Praxisanleitung

von Anja Mehland

Einleitung

Willkommen in der Welt des konstruktiven Feedbacks! Wenn du dieses Buch in Händen hältst, bedeutet das, dass du echtes Interesse daran hast, Feedback in deinem Unternehmen zu etablieren und die Organisation wertschöpfend weiterzuentwickeln. Durch effektives Feedback kannst du dazu beitragen, Stärken zu erkennen, Schwächen gezielt anzugehen und so sowohl die persönliche als auch die berufliche Entwicklung deines Teams zu fördern.

In diesem Buch möchte ich dir verschiedene Methoden vorstellen, um Feedback in moderierten Teamrunden effektiv zu gestalten. Jede Methode zielt darauf ab, eine offene Kommunikations-Kultur zu fördern und den Austausch zwischen Teammitgliedern zu erleichtern. Von kreativen Ansätzen wie dem „Feedback-Atelier" bis hin zu strukturierten Formaten wie dem „Feedback-Radar" bieten diese Methoden vielseitige Werkzeuge, um das Feedback-Geben und -Empfangen zu verbessern.

Meine Methoden sind darauf ausgelegt, eine positive Feedback-Kultur zu schaffen, in der ehrliches und konstruktives Feedback im Mittelpunkt steht. Dabei lege ich besonderen Wert darauf, dass Feedback nicht nur gegeben, sondern auch richtig empfangen und in konkrete Maßnahmen umgesetzt wird.

Du wirst in diesem Buch unter anderem folgende Methoden kennenlernen:

1. **Behind the Mirror in 2 Varianten:** Eine Methode, die es den Teilnehmenden ermöglicht, sich selbst und die Perspektiven anderer zu reflektieren, um eine tiefere Einsicht in das eigene Verhalten und dessen Wirkung zu gewinnen.

2. **Entdecker-Map Canvas:** Eine visuelle Methode, die dazu dient, Ideen, Herausforderungen und Lösungen auf einer Karte zu visualisieren, um so Klarheit und Struktur in Projekte oder Herausforderungen zu bringen.

3. **Feedback-Atelier:** Eine kreative Methode, bei der visuelle Ausdrucksformen genutzt werden, um Feedback sichtbar zu machen und neue Perspektiven zu gewinnen.

4. **Speedback:** Eine dynamische Methode, die das Konzept des Speed-Datings nutzt, um schnelles und effektives Feedback zu ermöglichen.

5. **Feedback-Radar in 2 Varianten:** Eine Methode, die ein Radardiagramm verwendet, um strukturiertes Feedback zu sammeln und visuell darzustellen.

Darüber hinaus findest du in diesem Buch auch praktische Tipps und Tricks, wie du eine offene Feedback-Kultur in deinem Team etablieren und nachhaltig pflegen kannst. Ergänzt wird dies durch Reflexionsfragen, die dir helfen, das Gelernte zu vertiefen und auf deine eigene Situation anzuwenden.

Lass dich inspirieren und entdecke die vielfältigen Möglichkeiten, wie du durch konstruktives Feedback das volle Potenzial deines Teams entfalten kannst.

P.S.: Feedbackkultur, Feedback-Kultur oder Feedback Kultur? Alles richtig, ich habe mich in diesem Buch für Feedback-Kultur entschieden :)

Viel Erfolg und für Feedback bin ich jederzeit offen.

Schreib mir unter feedback@anja-mehland.de

© Anja Mehland

Einleitung 2

Prolog 7

Einleitung und Theoretische Grundlagen 9

Warum Feedback wichtig ist 10

Definition und Unterschiede: 11

    1. Feedback: 11

    2. (Ab)wertendes "Feedback": 11

  Emotionale Aspekte des Feedbacks 12

  Schritte zur Etablierung einer offenen Feedback-Kultur 20

Praktische Übungen zur Feedback-Kultur 24

  Übung 1: Wertung oder Feedback? 25

  Übung 2: Feedback formulieren als Rollenspiele 29

  Übung 3: Harmonisches Feedback erkennen 32

  Bonusfragen für eine Gruppenreflexion: 34

  Strategien 36

Methoden und Anleitungen 39

  10 Feedback Regeln 40

  Theorie in die Praxis umsetzen 43

Die Gruppendynamik 43

  Situation 1: Alle starren dich (erwartungsvoll) an. 43

  Situation 2: Alle reden wild durcheinander. 44

Strategien bei… 46

  …negativen Kommentaren 46

  …passiv aggressiven Teilnehmenden 47

  …bei introvertierten Teilnehmenden 48

  Aktives Zuhören 49

Paraphrasieren	50
Praxis - Feedbackrunde	51
Fünf Workshop-Ideen für die direkte Umsetzung	51
Methode 1 - Behind the Mirror (zwei Varianten)	52
Variante 1 - offen	55
Variante 2 - verdeckt	55
Methode 2 - Entdecker-Map Canvas	61
Methode 3 - Das Feedback-Atelier	67
Methode 4 - Speedback	73
Methode 5 - Feedback-Radar	78
Variante 1	80
Variante 2	81
Beispiele und Reflexion	84
Feedback Atelier | Beispiel 1 - Kommunikation im Team	85
Feedback Atelier | Beispiel 2 - Tägliche Überlast und Stress	87
Feedback Atelier | Beispiel 3 - Entwicklungsprozess Vision	89
Speedback | Beispiel 1 - Drei Themen von Sachbearbeitern	91
Speedback | Beispiel 2 - Ein Team von Führungskräften	94
Feedback Radar | Beispiel 1 - Team Marketing-Spezialisten	97
Beispiele für Feedback Themen	100
Resümee und Ausblick	102
Downloads	106

*Manchmal sind es die leisen Worte,
die lauter sprechen als Taten.
Sie tragen sanft und still im Wind,
die Botschaften, die sich beraten.*

*Im Flüstern liegt oft die Wahrheit klar,
im Schweigen das Verstehen,
und stille Zeichen, die uns lenken,
lassen uns tiefer sehen.*

*Die leisen Töne, die uns führen, in Momenten,
die kaum auffallen,
zeigen uns Wege, offenbaren,
wo die echten Schätze wallen.*

*Durch deine Worte, fein und sacht,
erkenne ich den wahren Kern,
die Weisheit, die in Stille wohnt,
die uns verbindet, nah und fern.*

*In deinem Blick, in deinem Tun,
spüre ich das stille Streben,
nach Wahrheit, Liebe, Echtheit - es ist der Klang des Lebens.*

*So widme ich dir dieses Werk,
mit Dank für all dein Sein,
für jedes leise, starke Wort,
das Licht bringt in das Dunkel rein.*

Prolog

In der heutigen schnelllebigen und dynamischen Arbeitswelt ist effektive Kommunikation unerlässlich für den Erfolg eines Unternehmens. Eine zentrale Rolle spielt dabei das Feedback. Doch Feedback ist weit mehr als nur eine Rückmeldung – es ist ein Werkzeug zur Verbesserung, zur Motivation und zur Entwicklung. Dieses Buch richtet sich an alle, die daran interessiert sind, eine offene und konstruktive Feedback-Kultur in ihrem Team oder Unternehmen zu etablieren.

Feedback kann Wunder wirken, wenn es richtig gegeben und empfangen wird. Es kann Beziehungen stärken, Vertrauen aufbauen und die Leistung auf ein neues Niveau heben. Doch ebenso kann schlecht formuliertes Feedback Schaden anrichten und das Gegenteil bewirken. Daher ist es von entscheidender Bedeutung, die Kunst des Feedbacks zu meistern.
In diesem Buch stelle ich dir verschiedene Methoden vor, die dir helfen werden, Feedback in moderierten Teamrunden effektiv zu gestalten. Diese Methoden sind darauf ausgelegt, eine Kultur der Offenheit und des gegenseitigen Respekts zu fördern. Sie bieten dir praktische Werkzeuge und Techniken, um den Feedback-Prozess strukturiert und zugleich kreativ zu gestalten.

Von der Methode „Behind the Mirror", die Selbstreflexion und Fremdwahrnehmung kombiniert, über die „Entdecker-Map Canvas", die visuelle Strukturen für Ideen und Herausforderungen schafft, bis hin zu kreativen Ansätzen wie dem „Feedback-Atelier" und dem dynamischen „Speedback" – jede Methode bietet einzigartige Vorteile und kann flexibel an die Bedürfnisse deines Teams angepasst werden. Ergänzt wird das Repertoire durch das „Feedback-Radar", das es ermöglicht, Feedback strukturiert zu sammeln und visuell darzustellen.

Zusätzlich zu den Methoden findest du in diesem Buch auch wertvolle Tipps und Tricks, um eine nachhaltige Feedback-Kultur zu etablieren und zu pflegen. Reflexionsfragen helfen dir und deinem Team, das Gelernte zu vertiefen und auf eure spezifischen Situationen anzuwenden.

Lass dich inspirieren und entdecke, wie du durch konstruktives Feedback das volle Potenzial deines Teams entfalten kannst. Indem du eine Kultur des offenen Austauschs und der kontinuierlichen Verbesserung förderst, trägst du maßgeblich zum Erfolg und zur Zufriedenheit aller Beteiligten bei.

Im letzten Kapitel "Downloads" findest du alle benötigten Materialien in der Übersicht als QR Code und direkt auf „anja-mehland.de/downloads"

Ich werde Dich wahrscheinlich nicht auf deiner ganzen Reise begleiten, aber mit diesem Buch setzt du den Startpunkt und entdeckst die transformative Kraft einer gelebten Feedback-Kultur in Deinem Unternehmen und in den Teams. Mache den ersten Schritt zu einer offenen, lernbereiten, produktiveren, inspirierenderen und erfolgreicheren Arbeitsumgebung.

Ob Du ein Manager, Teamleiter oder ein engagiertes Teammitglied bist – dieses Buch bietet Dir die Werkzeuge und das Wissen, um die Feedback-Kultur in Deinem Unternehmen und Team zu implementieren. Sei bereit, die Macht des Feedbacks zu entdecken und zu nutzen.

Du wirst auch immer mal wieder Abschnitte finden, welche wie hier gekennzeichnet sind. Das sind kleine Reflexionsaufgaben und es steht dir natürlich frei, sie für dich zu beantworten, ich lege es dir aber gerne ans Herz. Deine eigenen Erfahrungen mit Feedback kann dich nur weiterbringen.

Lass uns beginnen.

Einleitung und Theoretische Grundlagen

In diesem Kapitel geht es „quick & easy" um die Einführung in die Feedback-Kultur. Es wird keine ausdauernde theoretische Lektüre, sondern kurz und prägnant. Das Hauptziel ist es ja, dass du die Grundlagen verstehst und dein Wissen in das Unternehmen bringst.

Warum Feedback wichtig ist

In unserer sich ständig wandelnden Arbeitswelt sind Feedback und Kommunikation zu unverzichtbaren Elementen für den Erfolg von Unternehmen geworden. Eine offene Feedback-Kultur ist das Herzstück einer effektiven und dynamischen Organisation. Sie stärkt Teams, motiviert Einzelpersonen und schafft eine Atmosphäre des kontinuierlichen Lernens und Wachstums.

Als Agile Coach oder Organisationsentwickler arbeitest Du mit dem gesamten Unternehmen. Du bist die Fachkraft, die Person im Unternehmen mit Expertise, um Transparenz und Vertrauen zu fördern. Offenes Feedback fördert genau das innerhalb einer Organisation. Wenn Mitarbeitende ihre Meinungen und Ideen frei äußern können, entsteht Vertrauen zwischen den Teammitgliedern und der Führungsebene.

Ebenso können Organisationen durch konstruktives Feedback Prozesse, Produkte und Dienstleistungen kontinuierlich verbessern. Offenes Feedback ermöglicht es, aus Fehlern zu lernen und Innovationen voranzutreiben. Wenn Mitarbeitende das Gefühl haben, dass ihre Stimme gehört wird und ihre Meinungen geschätzt werden, sind sie motivierter und engagierter. Eine offene Feedback-Kultur trägt zudem zur Mitarbeiterbindung bei.

Ein weiterer wichtiger Aspekt ist die Konfliktlösung. Offenes Feedback hilft, Konflikte frühzeitig zu erkennen und anzugehen. Es ermöglicht, Missverständnisse zeitnah auszuräumen und eine positive Arbeitsatmosphäre aufrechtzuerhalten. Organisationen, die offen für Feedback sind, können sich schneller an Veränderungen anpassen. Sie sind flexibler und können auf Kundenbedürfnisse und Marktveränderungen reagieren.

„Insgesamt fördert eine offene Feedback-Kultur die Entwicklung einer gesunden und effektiven Organisation, die auf kontinuierliche Verbesserung und Innovation ausgerichtet ist."

Definition und Unterschiede:

Feedback vs. (Ab)wertendes Feedback

Feedback ist eine konstruktive und zielorientierte Rückmeldung, die sich auf das Verhalten und nicht auf die Person konzentriert. Es gibt spezifische Beispiele und zeigt Lösungsansätze auf, um die Entwicklung und das Wachstum zu unterstützen. Im Gegensatz dazu ist **(ab)wertendes** "Feedback" wertend und negativ, **kritisiert die Person** anstatt das Verhalten und lässt keine Möglichkeit zur Verbesserung erkennen. Echtes Feedback sollte immer konstruktiv und motivierend sein.

1. Feedback:

- **Konstruktiv und zielorientiert:** Es soll zur Verbesserung und Weiterentwicklung anregen.

- **Fokussiert sich auf Verhalten, nicht auf die Person:** Es geht darum, was getan wurde, nicht darum, wer es getan hat.

- **Gibt spezifische Beispiele und zeigt Lösungsansätze auf:** Klarheit und Handlungsfähigkeit stehen im Vordergrund.

- **Unterstützt die Entwicklung und das Wachstum:** Es motiviert und ermutigt zur positiven Veränderung.

2. (Ab)wertendes "Feedback":

- **Ist wertend und negativ:** Es enthält oft eine kritische Bewertung ohne konstruktiven Zweck.

- **Kritisiert die Person anstatt das Verhalten:** Dies kann als persönlicher Angriff empfunden werden und verletzend sein.

- **Lässt keine Möglichkeit zur Verbesserung erkennen:** Es bietet keine klaren Ansätze oder Vorschläge für positive Veränderungen.

- **Kann demotivierend wirken und zu Konflikten führen:** Es schädigt die Moral und das Arbeitsklima.

Emotionale Aspekte des Feedbacks

Das Feedback eine Vielzahl von emotionalen Reaktionen hervorrufen kann, welche oft tief verwurzelt und komplex sind, ist vollkommen normal. Emotionen wie Angst vor Ablehnung und vor Konflikten oder die uns allen bekannte Unsicherheit. Diesen Emotionen wirst du auch in deinen Workshops begegnen und es liegt in deiner Verantwortung, damit empathisch umzugehen. Der einzige Weg zur Überwindung dieser starken Emotionen ist eine offene und unterstützende Feedback-Kultur.
Mit diesem Buch setzt du deinen ersten Schritt und beginnst zu laufen, du wirst vorangehen, Hindernisse überwinden, emotionale Aspekte erkennen und berücksichtigen, und Feedback effektiv und einfühlsam zu geben und zu empfangen und konstruktives Feedback effektiv nutzen!

Lösungen bedeutet „mögliche Lösungen"! Ich erschaffe hier keine Schablonen, sondern Ideen und Impulse.

1. **Angst vor Ablehnung:** Viele Menschen fürchten bewusst oder unbewusst, dass ihr Feedback negativ aufgenommen wird oder dass sie persönlich abgelehnt werden könnten. Diese Angst kann dazu führen, dass sie Feedback vermeiden oder es „*vorsichtiger*" formulieren.

Lösung: Schaffe eine vertrauensvolle Umgebung, in der klar kommuniziert wird, dass Feedback ein wertvolles Werkzeug für persönliches und berufliches Wachstum ist. Ermutige die Mitarbeitenden, Feedback als eine Möglichkeit zur Verbesserung und nicht als Kritik zu betrachten. Übe mit ihnen und gib dadurch mehr Mut durch Sicherheit.

Ein Beispiel: Ein Mitarbeitender hat Angst, seinem Vorgesetzten Feedback zu geben, aus Furcht vor negativen Konsequenzen.

Reflexionsfragen:
- Wann hast du das letzte Mal Feedback gegeben und dabei Angst vor Ablehnung gespürt?
- Wie hast du dich dabei gefühlt und was hättest du anders machen können, um dich sicherer zu fühlen?

Deine Reflexionsnotizen:

_____
_____
_____
_____
_____

2. **Unsicherheit und Selbstzweifel:** Feedback kann Unsicherheiten und Selbstzweifel noch verstärken, insbesondere wenn es negativ oder unklar formuliert wird. Das beeinträchtigt möglicherweise das Selbstbewusstsein der Mitarbeitenden enorm.

Lösung: Stelle sicher, dass Feedback spezifisch und konstruktiv ist, mit klaren Beispielen und Vorschlägen zur Verbesserung. Positive Aspekte sollten hervorgehoben werden, um das Selbstbewusstsein zu stärken. Dafür eignen sich Workshops hervorragend.

Beispiel: Ein Teammitglied erhält vage Kritik, was zu Unsicherheit führt. Durch ein strukturiertes Feedback-Training lernen alle Teammitglieder, wie sie konstruktives und klares Feedback geben können.

Reflexionsfragen:
- Erinnerst du dich an eine Situation, in der Feedback deinen Selbstzweifel verstärkt hat? Wie hättest du dir gewünscht, dass das Feedback anders gegeben worden wäre?
- Welche Maßnahmen könntest du ergreifen, um konstruktives Feedback zu fördern?

Deine Reflexionsnotizen:

_____
_____
_____
_____
_____

3. **Angst vor Konflikten:** Feedback kann zu Konflikten führen, besonders wenn es um persönliche oder berufliche Beziehungen geht. Menschen meiden oft Feedback, um Konflikte zu vermeiden.

Lösung: Fördere eine offene Kommunikation und etabliere klare Regeln für Feedback-Gespräche. Betone, dass Feedback dazu dient, Missverständnisse auszuräumen und das Arbeitsklima zu verbessern.

Beispiel: Ein Teammitglied erhält vage Kritik, was zu Unsicherheit führt. Durch ein strukturiertes Feedback-Training lernen alle Teammitglieder, wie sie konstruktives und klares Feedback geben können.

Reflexionsfragen:
- Erinnerst du dich an eine Situation, in der Feedback deinen Selbstzweifel verstärkt hat? Wie hättest du dir gewünscht, dass das Feedback anders gegeben worden wäre?
- Welche Maßnahmen könntest du ergreifen, um konstruktives Feedback zu fördern?

Deine Reflexionsnotizen:

_____

_____

_____

_____

4. **Selektive Wahrnehmung:** Menschen neigen dazu, Feedback zu filtern und nur das zu hören, was sie hören möchten. Positive Rückmeldungen werden gerne angenommen, während kritische Aspekte oft ignoriert werden.

Lösung: Ermutige alle Mitarbeitenden, aktiv zuzuhören[1] und das gesamte Feedback zu berücksichtigen. Schulungen zu aktivem Zuhören und Selbstreflexion können dabei helfen, diese Tendenzen zu überwinden.

---

[1] aktives zuhören - ab Seite 49

Beispiel: Dein Mitarbeiter hört nur das Lob und ignoriert die Verbesserungsvorschläge. In einem Training wird das aktive Zuhören geübt, um sicherzustellen, dass das gesamte Feedback wahrgenommen und genutzt wird.

Reflexionsfragen:
- Wann hast du das letzte Mal Feedback erhalten und dabei nur die positiven Aspekte wahrgenommen? Wie könntest du dich auf das gesamte Feedback konzentrieren?
- Welche Übungen könntest du machen, um deine Fähigkeit zum aktiven Zuhören zu verbessern?

Deine Reflexionsnotizen:

_____

_____

_____

_____

_____

5. **Angst vor Verletzung:** Kritisches Feedback kann als Angriff empfunden werden und emotional verletzend sein. Diese Angst kann dazu führen, dass sich Menschen vor Feedback verschließen.

Lösung: Gib Feedback stets respektvoll und empathisch. Verwende "Ich"-Botschaften, um die eigene Perspektive darzustellen, ohne den anderen anzugreifen. Biete Unterstützung und Ressourcen an, um den Mitarbeitenden bei der Umsetzung von Feedback zu helfen.

Beispiel: Ein Teammitglied fühlt sich durch negatives Feedback verletzt und zieht sich zurück. Durch das Erlernen von „Ich"-Botschaften und empathischen Feedback-Techniken kann diese Person wieder ins Team integriert werden.

Reflexionsfragen:
- Hast du schon einmal Feedback erhalten, das dich verletzt hat? Was hätte dir geholfen, dieses Feedback besser zu verarbeiten?
- Wie kannst du sicherstellen, dass dein Feedback respektvoll und unterstützend ist?

Deine Reflexionsnotizen:

_____

_____

_____

_____

_____

6. **Überforderung:** Zu viel Feedback auf einmal kann überwältigend sein und dazu führen, dass Mitarbeitende sich überfordert fühlen.

Lösung: Gib Feedback in kleineren, verdaulichen Häppchen und fokussiere Dich auf ein oder zwei Hauptpunkte, die priorisiert werden sollten. Folgegespräche können genutzt werden, um den Fortschritt zu überprüfen und weiteres Feedback zu geben.

Beispiel: Eine Mitarbeiterin erhält in einem Gespräch zu viele Kritikpunkte und weiß nicht, wo sie anfangen soll. Durch regelmäßige und kürzere Feedback-Sitzungen wird die Überforderung reduziert.

Reflexionsfragen:
- Wann hast du das letzte Mal so viel Feedback erhalten, dass du dich überfordert gefühlt hast? Was hätte dir geholfen, das Feedback besser zu verarbeiten?
- Wie kannst du dein Feedback strukturieren, um Überforderung zu vermeiden?

Deine Reflexionsnotizen:

_____

_____

_____

_____

_____

7. **Positive Erwartungen:** Feedback wird oft nur als negativ wahrgenommen, dabei ist positives Feedback ebenso wichtig. Ohne regelmäßige positive Rückmeldungen kann das Arbeitsklima leiden.

Lösung: Integriere regelmäßige positive Rückmeldungen in den Feedback-Prozess. Betone, was gut läuft, und ermutige zur Fortsetzung dieser Verhaltensweisen. Positive Verstärkung kann die Motivation und das Engagement der Mitarbeitenden erheblich steigern.

Beispiel: Ein Team fühlt sich demotiviert, weil positives Feedback fehlt. Durch die Einführung von regelmäßigen „Lob-Runden" wird die Stimmung im Team verbessert.

Reflexionsfragen:
- Wann hast du das letzte Mal positives Feedback erhalten? Wie hat es sich angefühlt und wie hat es dich motiviert?
- Wie kannst du in deinem Team oder deiner Organisation mehr positives Feedback integrieren?

Deine Reflexionsnotizen:

_____

_____

_____

_____

_____

8. **Kultur und persönliche Hintergründe:** Unterschiedliche kulturelle Hintergründe und persönliche Erfahrungen beeinflussen, wie Feedback gegeben und empfangen wird. Was in einer Kultur als direkt und ehrlich betrachtet wird, kann in einer anderen als unhöflich und verletzend empfunden werden.

Lösung: Sei dir der kulturellen und persönlichen Unterschiede bewusst und passe Deinen Feedback-Stil entsprechend an. Eine Sensibilisierung für kulturelle Diversität und individuelle Unterschiede kann helfen, Missverständnisse zu vermeiden.

Beispiel: In einem multinationalen Team führen kulturelle Unterschiede zu Missverständnissen beim Feedback. Durch interkulturelle Trainings wird das Verständnis und die Kommunikation im Team verbessert.

Reflexionsfragen:
- Welche kulturellen Unterschiede hast du schon einmal beim Feedback erlebt? Wie hast du darauf reagiert?
- Welche Maßnahmen könntest du ergreifen, um kulturelle Unterschiede im Feedback-Prozess zu berücksichtigen?

Deine Reflexionsnotizen:

_____
_____
_____
_____

Durch das Verständnis und die Berücksichtigung dieser emotionalen Aspekte kannst Du eine effektivere und einfühlsamere Feedback-Kultur schaffen. Dies fördert nicht nur das individuelle Wachstum, sondern stärkt auch das Vertrauen und die Zusammenarbeit innerhalb des Teams und der gesamten Organisation.
Es ist wichtig zu erkennen, dass all diese Punkte und noch viele mehr für die meisten Menschen *„normal"* sind, und sie können uns daran hindern, uns zu verbessern und zu wachsen. Professionelle Unterstützung *(hier kommst Du ins Spiel)* kann helfen, diese Hindernisse zu überwinden und konstruktives Feedback effektiv zu nutzen.

Mit diesem Leitfadem kannst du eine Haltung an den Start bringen und welche dich selbst und dein Team dabei begleitet, in eine offene und konstruktive Haltung zu kommen und zu lernen, dass echtes Feedback geben und nehmen, einer persönlichen Entwicklung gleichkommt. Nur durch kontinuierliches Feedback holen, kann sich der einzelne weiterentwickeln.

Es beginnt mit dir: Menschen lernen im Wesentlichen durch ein lebendiges, konsistentes Vorbild und das persönliche Erleben. Du als Vorbild kannst dabei als Einladung dienen, es selbst einmal auszuprobieren. Du kannst die Rolle dieses Vorbilds einnehmen und so den ersten Domino-Stein hin zu einer echten Feedback-Kultur in deinem Team oder im ganzen Unternehmen anstoßen und da du bereits bis hierher gelesen hast, stelle ich mal die These in den Raum, das du dazu absolut geeignet bist.

Schritte zur Etablierung einer offenen Feedback-Kultur

1. **Bedeutung kommunizieren:** Beginne damit, die Wichtigkeit einer offenen Feedback-Kultur zu betonen und klar zu kommunizieren. Dies schafft Bewusstsein und Verständnis für den Wert von Feedback und motiviert die Mitarbeitenden, sich aktiv einzubringen. Beachte hierbei, dass übermäßiges Wiederholen auch Ungeduld signalisieren kann und eher den „Augenrolleffekt" nach sich ziehen kann. Eine Kultur zu entwickeln ist ein Marathon, kein Sprint.

Beispiel: Organisiere eine Kick-off-Veranstaltung, um die Feedback-Kultur offiziell einzuführen und den Mitarbeitenden die Vorteile zu erklären.

Reflexionsfrage: Wie kannst du sicherstellen, dass die Mitarbeitenden die Bedeutung der Feedback-Kultur verstehen und akzeptieren?

Notizen:

_____
_____
_____
_____
_____

2. **Offene Kommunikation fördern:** Schaffe eine Umgebung, in der sich Mitarbeitende sicher fühlen, ihre Meinungen zu äußern. Offene Gespräche und regelmäßiger Austausch sind entscheidend für eine positive Feedback-Kultur. **Beachte hierbei**, das Geduld ein ebenso wichtiger Punkt ist, wie das „lernen lassen". Bedränge nicht sondern begleite oder führe, wenn es notwendig ist.

Beispiel: Implementiere regelmäßige Team-Meetings und Einzelgespräche, um offene Kommunikation zu fördern.

Reflexionsfrage: Was kannst du tun, um eine offene Kommunikation in deinem Team zu fördern?

Notizen:

_____

_____

_____

_____

3. **Regelmäßige Feedback-Runden etablieren:** Plane regelmäßige[2] Meetings oder Workshops, in denen Feedback ausgetauscht werden kann. Dies schafft eine Plattform für den Austausch und fördert die Gewohnheit, Feedback zu geben und zu nehmen. **Beachte hierbei**, dass es kein „Zwang" sein soll, sondern vielmehr der Wunsch der Teams nach dieser Kultur. Das erfordert Geduld. Mache daher Angebote und stelle sicher, dass der Mehrwert verstanden wird.

Beispiel: Führe quartalsweise Feedback-Workshops durch, um kontinuierliche Verbesserung zu fördern.

Reflexionsfrage: Wie oft sollten Feedback-Runden in deinem Team stattfinden, um effektiv zu sein?

Notizen:

_____

_____

_____

_____

_____

---

[2] Wie oft ist denn „regelmäßig"? Meine Empfehlung ist zu Beginn mind. 1x im Quartal.

4. **Feedback-Tools nutzen:** Setze moderne Tools und Plattformen ein, um Feedback zu sammeln und zu organisieren. Effiziente Tools erleichtern die Erfassung und Analyse von Feedback und fördern die Transparenz. Dies kann von einfachen Umfragen bis hin zu spezialisierten Feedback-Apps reichen. Beachte dabei, das du dich in der weiten Welt der Methoden und Tools verlieren könntest. Probiert aus, was für euch gut funktioniert und haltet es nach.

Beispiel: Nutze Online-Umfrage-Tools oder spezielle Feedback-Apps, um anonymes Feedback zu ermöglichen.

Reflexionsfrage: Welche Tools könnten in deinem Team oder Unternehmen am effektivsten für das Sammeln und Analysieren von Feedback sein?

Notizen:

_____

_____

_____

_____

5. **Feedback als Teil der Unternehmenskultur integrieren:** Feedback sollte in alle Aspekte des Unternehmenslebens integriert werden. Es sollte nicht auf bestimmte Abteilungen oder Projekte beschränkt sein, sondern allgegenwärtig sein. Das schließt alle Ebenen ein, gibt deiner Führungskraft genauso Feedback, wie deiner direkten Kollegin. Die Mitarbeitenden erkennen, dass es Teil ihrer Verantwortung ist, Feedback zu geben und zu nehmen und damit die Verantwortung für die eigene Entwicklung zu übernehmen.

Beispiel: Implementiere Feedback-Schulungen für alle neuen Mitarbeitenden und biete regelmäßige Auffrischungskurse an.

Reflexionsfrage: Wie kannst du sicherstellen, dass Feedback in allen Bereichen deines Unternehmens praktiziert wird?

Notizen:

6. **Konstruktives Feedback anerkennen und belohnen:** Zeige Wertschätzung für alle Mitarbeitenden, die aktiv zur Verbesserung der Feedback-Kultur beitragen. Anerkennung motiviert und verstärkt das gewünschte Verhalten.

Beispiel: Führe ein Anerkennungsprogramm ein, das Mitarbeitende belohnt, die regelmäßig konstruktives Feedback geben.

Reflexionsfrage: Welche Belohnungen oder Anerkennungen könnten deine Mitarbeitenden motivieren, konstruktives Feedback zu geben?

Notizen:

"Wer Feedback schätzt, pflanzt die Samen des Fortschritts; die Ernte mag auf sich warten lassen, doch sie wird reichlich sein."

Praktische Übungen zur Feedback-Kultur

In deinen Feedback-Runden oder in Workshops ist es enorm wichtig, die Theorie in die Praxis zu bekommen. Du kannst zwar deinen Führerschein bestehen, aber das Auto noch lange nicht sicher führen. Also nimm dir einen Moment und mache folgende Übungen für dich oder diskutiere sie mit Partnern, Kolleg:innen oder Freunden. Des Weiteren eignen sich die Übungen auch hervorragend für den Start in deinen Feedback Workshop.

Übung 1: Wertung oder Feedback?

In einem mittelständischen Unternehmen namens "InnovateTech" arbeitet Lisa. Lisa ist engagiert, kreativ und immer daran interessiert, ihre Arbeit zu verbessern.

Eines Tages erhielt sie eine E-Mail von ihrer Führungskraft, mit dem Betreff **"Feedback zur letzten Präsentation".**

> *Liebe Lisa,*
>
> *ich möchte dir ein ehrliches Feedback zur letzten Präsentation geben. Deine Performance war etwas enttäuschend. Du hast einige wichtige Punkte ausgelassen und warst nicht überzeugend. Ich erwarte von dir mehr Professionalität und Vorbereitung.*
>
> *Beste Grüße*
> *XY*

Lisa öffnete die E-Mail bereits mit gemischten Gefühlen. Sie hatte die Präsentation vor dem gesamten Team gehalten und war gespannt auf die Rückmeldung. Doch als sie den Text las, spürte sie, wie ihr Herz sank: **Wie würdest du dich fühlen?**

Lisa war verletzt und frustriert. Sie hatte erwartet, konkrete Hinweise zur Verbesserung zu erhalten. Stattdessen fand sie nur Kritik und Wertungen. Sie fragte sich, was genau sie falsch gemacht hatte und wie sie es besser machen könnte.

Doch, wie sollte es sein?

Nachdem Feedback im Unternehmen etabliert war und jeder sich individuell damit auseinandergesetzt hat, kam dieselbe Situation erneut und die E-Mail sah so aus:

Anhand von nachfolgenden Beispielen können die Teilnehmenden zwischen wertenden Aussagen und echtem Feedback unterscheiden lernen.

Das schärft das Bewusstsein für konstruktives Feedback. Die Beispiele sind stark vereinfacht und du hast am Ende die Möglichkeit, eigene Beispiele zu notieren.

Betreff : "Feedback zur letzten Präsentation".

Liebe Lisa,

ich danke dir für deine Präsentation und die Zeit, die du investiert hast. Es ist wichtig, dass wir uns gegenseitig unterstützen und konstruktives Feedback geben, um uns stetig zu verbessern.

In Bezug auf deine letzte Präsentation möchte ich einige Punkte ansprechen:

1. Du hast eine klare Struktur gewählt und die wichtigsten Informationen vermittelt.
2. Es wäre hilfreich, wenn du noch mehr in die Tiefe gegangen wärst. Einige wichtige Punkte wurden nur oberflächlich behandelt u.a. XYZ und XYZ.
3. Deine Argumente könnten noch überzeugender präsentiert werden. Denke daran, Beispiele oder Fallstudien einzubringen, um deine Aussagen zu untermauern.
4. Eine gründliche Vorbereitung ist entscheidend. Bitte nimm dir beim nächsten Mal mehr Zeit, um dich auf die Präsentation vorzubereiten.

Ich bin zuversichtlich, dass du mit etwas mehr Fokus und Vorbereitung großartige Präsentationen halten kannst. Ich freue mich auf deine nächsten Beiträge!

Beste Grüße,
XY

Diskutiert -> Wertung oder Feedback?

1. „Deine Argumentation ist klar und überzeugend. Du könntest jedoch noch mehr Quellen einbeziehen" *oder* „Deine Arbeit ist schlecht recherchiert, du musst mehr zeigen, sonst fehlt ja die Hälfte."

2. „Ich schätze deine Beiträge im Team sehr. Bitte achte darauf, dass du dich noch aktiver in Diskussionen einbringst,, *oder* „Du bist immer so passiv im Team, sag doch mal was, du bist doch schlau!"

3. „Deine Präsentation war gut strukturiert. Du könntest jedoch die visuellen Elemente noch ansprechender gestalten" *oder* „Deine Präsentation war etwas langweilig, du müsstest mehr Bilder reinbringen, damit dein Publikum auch unterhalten wird."

4. „Ich finde es toll, wie du klare und präzise E-Mails schreibst. Bitte achte darauf, dass du auch im persönlichen Gespräch so klar

formulierst" *oder* „Du redest immer um den heißen Brei herum, du müsstest mal auf den Punkt kommen."

5. „Ich habe bemerkt, dass du in Meetings oft andere Meinungen respektierst. Das ist super!" *oder* „Du bist zu nachgiebig und lässt dich immer von anderen überreden, das tut dir nicht gut!"

6. „Deine letzten Code-Reviews waren sehr gründlich. Bitte achte darauf, dass du auch die Tests sorgfältig durchführst" *oder* „Deine Test sind schlampig gewesen, die Reviews sind immer super, aber du musst sorgfältiger werden."

7. "Ich sehe, dass du deine Aufgaben gut priorisiert. Bitte achte darauf, dass du Deadlines immer einhältst" *oder* „Du bist immer zu spät dran, das ist immer super nervig, weil ich auch in Verzug komme."

8. „Deine Kundenbetreuung ist freundlich und professionell. Bitte achte darauf, dass du auch bei Beschwerden ruhig bleibst" *oder* Du wirst schnell unfreundlich, die Kunden beschweren sich dann über dich. Du musst wirklich freundlicher bleiben.

9. „Deine Ideen sind innovativ und frisch. Bitte achte darauf, dass du auch pragmatische Lösungen findest" *oder* „Du lebst in deiner eigenen Welt, das ist immer wie bei Pipi Langstrumpf. Du musst etwas pragmatischer werden."

10. „Ich sehe, dass du an deinen Schwächen arbeitest. Bitte achte darauf, dass du auch deine Stärken weiter ausbaust" *oder* „Du wirst nie besser, wenn du nur an deinen Schwächen arbeitest."

Wenn man sich lange kennt, eine freundschaftliche Beziehung hat oder ein eingespieltes Team ist, dann kann es sein, dass was andere als „abwertend" sehen, völlig in Ordnung ist. Am Ende zählt, wie offen und vertrauensvoll ihr seid und ob ihr euch damit wohl fühlt oder nicht.

Raum für deine Notizen:

Übung 2: Feedback formulieren als Rollenspiele

In verschiedenen Szenarien[3] geben und empfangen die Teilnehmenden Feedback. Dies fördert das Verständnis und die Fähigkeit, konstruktives Feedback zu formulieren und anzunehmen. In den grau hinterlegten Abschnitten, ist die empfohlene Anzahl der Teilnehmenden und die benötigte Zeit. Diese Zeitangaben sind dennoch „nur" Richtwerte und können je nach Tiefe der Diskussion und Dynamik der Gruppe variieren.

Was wäre hier echtes und was unechtes Feedback?

1. **Ein Teammitglied hat gerade seine Projektidee präsentiert.** Die anderen Teammitglieder geben nun Feedback zur Präsentation. Was sagen sie? Wie formulieren sie ihr Feedback, um hilfreich und konstruktiv zu sein? Was würden sie sagen, wenn die Präsentation lang und unübersichtlich, zu viel Text oder viel zu bunt war?

- Mindestens 4 Teilnehmende (1 Präsentierendes Teammitglied und 3 Feedback-gebende Teammitglieder)
- Optional: 1 Moderator für das Rollenspiel und die Diskussion

Rollenspiel (Präsentation und Feedback): 20-25 Minuten
Diskussion: 20-30 Minuten
Gesamtzeit: 40-55 Minuten

2. **Emma und Nico** sind Kollegen aus der Softwareabteilung eines Unternehmens und sollen ein von ihnen gemeinsam erstelltes Programm dem Management vorstellen. Während der Präsentation bemerkt Emma, dass Nico einige wichtige Details übersehen hat und die Funktionalität nicht ausreichend erklärt.

- Mindestens 2 Teilnehmende (Emma und Nico)
- Optional: 1 Moderator für das Rollenspiel und die Diskussion

Rollenspiel (Präsentation und Feedback): 15-20 Minuten
Diskussion: 20-30 Minuten
Gesamtzeit: 35-50 Minuten

---

[3] Jedes Rollenspiel kannst du dir detailliert als Vorlage im PDF-Format laden. Im letzten Kapitel findest du einen QR Code zu den Downloads.

3. In eurem Weekly möchte der **Teamlead wissen**, wie die Kommunikation innerhalb des Teams läuft. Er stellt euch folgende Fragen:

- Wie beurteilst du die Kommunikation innerhalb des Teams?
- Wie schätzt du die Zusammenarbeit mit deinen Kollegen ein?
- Inwiefern tragen Vorgesetzte und Kollegen zum Erreichen gemeinsamer Ziele bei?

- Mindestens 4 Teilnehmende (1 Teamlead und 3 Teammitglieder)
- Optional: 1 Moderator für das Rollenspiel und die Diskussion

Rollenspiel (Teammeeting und Feedback): 20-25 Minuten
Diskussion: 20-30 Minuten
Gesamtzeit: 40-55 Minuten

4. **Eine Gruppe von Tänzern** führt eine neue Choreografie vor. Der Choreograf gibt Feedback. Sollte er jedes kleine Detail kritisieren oder sich auf die positiven Aspekte konzentrieren, um die Gruppe zu inspirieren?

- Mindestens 4 Teilnehmende (1 Choreograf und 3 Tänzer)
- Optional: 1 Moderator für das Rollenspiel und die Diskussion

Rollenspiel (Aufführung und Feedback): 15-20 Minuten
Diskussion: 20-30 Minuten
Gesamtzeit: 35-50 Minuten

Deine Ideen und Gedanken für praxisorientierte Rollenspiele:

Übung 3: Harmonisches Feedback erkennen

Wenn du bis hierhin durchgehalten hast, dann kannst du dir selbst auf die Schulter klopfen. Du hast echtes Interesse daran, Feedback im Unternehmen zu etablieren und wertschöpfend die Organisation zu entwickeln!

Zum Schluss der Theorie noch ein paar Beispiele für alle **„harmoniebedürftigen" Retter.** Seid euch stets bewusst, dass ihr mit harmonischem Feedback eurem Gegenüber keinen Gefallen tut. Im Gegenteil, ihr hindert aktiv die Entwicklung eures „Opfers".

- *„Deine Präsentation war großartig"* sagte er, obwohl er wusste, dass viele wichtige Punkte fehlten.

- *„Du hast das Problem perfekt gelöst"* behauptete sie, obwohl die Lösung unvollständig war.

- *„Ich liebe dein neues Design"* kommentierte er, obwohl er es tatsächlich zu überladen fand.

- *„Du bist auf dem richtigen Weg"* ermutigte sie, obwohl sie sah, dass die Strategie zum Scheitern verurteilt war.

- *„Deine Rede war sehr überzeugend"* lobte sie, obwohl sie die Argumente schwach fand.

- *„Du hast das Thema vollständig abgedeckt"* versicherte er, obwohl wichtige Aspekte nicht angesprochen wurden.

- *„Deine Leistung war fehlerfrei"* gratulierte sie, obwohl sie mehrere Fehler bemerkt hatte.

- *„Das Projekt ist ein voller Erfolg"* verkündete er, obwohl die Ergebnisse unter den Erwartungen lagen.

Solches Feedback ist einfach irreführend und du glaubst, dass damit die Harmonie bestehen bleibt, hinderst aber tatsächlich Menschen daran, sich zu verbessern oder aus Fehlern zu lernen. Es ist wichtig, ehrlich und konstruktiv zu sein, um echtes Wachstum und Entwicklung zu fördern.

Reflexionsfragen können dir und den Teilnehmenden helfen, harmonisches Feedback zu erkennen und zu verstehen, warum ehrliches und konstruktives Feedback wichtiger ist. Das fördert ebenso die Entwicklung einer authentischen Feedback-Kultur, wie Mut und Sicherheit.

Stelle deiner Gruppe einfach mal folgende Fragen. Natürlich muss hier nicht jeder jede Frage beantworten, sondern sich eine oder zwei raussuchen und diese dafür reflektiert betrachten.

Selbstreflexion:

- Hast du selbst schon einmal „harmonisches" Feedback gegeben? In welcher Situation und warum hast du es getan?
- Wie hast du dich gefühlt, nachdem du es gegeben hast? Hattest du den Eindruck, deinem Gegenüber wirklich geholfen zu haben?
- Erinnerst du dich an eine Situation, in der du „harmonisches" Feedback erhalten hast? Wie hat es deine Entwicklung beeinflusst?

Erkenntnis und Bewusstsein:

- Warum ist „harmonisches" Feedback oft einfacher zu geben als ehrliches und konstruktives Feedback?
- Welche negativen Auswirkungen kann es auf die Entwicklung einer Person und auf die Organisation haben?
- Wie könntest du erkennen, dass das Feedback, das du erhältst, möglicherweise „harmonisch" statt ehrlich ist?

Veränderung und Verbesserung:

- Wie kannst du sicherstellen, dass dein Feedback ehrlich und konstruktiv ist, ohne dabei verletzend zu sein?
- Welche Strategien kannst du anwenden, um in schwierigen Feedback-Situationen authentisch und hilfreich zu bleiben?
- Wie kannst du eine Feedback-Kultur in deinem Team oder deiner Organisation fördern, die auf Ehrlichkeit und konstruktiver Kritik basiert?

Konkrete Maßnahmen:

- Welche Schritte kannst du unternehmen, um die Harmoniebedürftigkeit in deinem Feedback-Verhalten zu überwinden?
- Wie kannst du dich darauf vorbereiten, ehrliches Feedback zu geben, das sowohl anerkennend als auch entwicklungsfördernd ist?
- Was kannst du tun, um sicherzustellen, dass du Feedback empfängst, das dir hilft, dich zu verbessern und zu wachsen?

Rückblick und Ausblick:

- Reflektiere eine vergangene Situation, in der du harmonisches Feedback gegeben hast. Wie hättest du diese Situation anders angehen können?
- Welche positiven Veränderungen erwartest du in deinem Team oder deiner Organisation, wenn eine Kultur des ehrlichen und konstruktiven Feedbacks etabliert wird?
- Setze dir ein konkretes Ziel: Wie wirst du in den nächsten Wochen oder Monaten deine Feedback-Methoden verbessern und umsetzen?

Bonusfragen für eine Gruppenreflexion:

Gruppendynamik:

- Wie wirkt sich „harmonisches" Feedback auf die Dynamik innerhalb des Teams aus?
- Wie können wir uns gegenseitig unterstützen, um ehrlicher und konstruktiver im Feedback zu sein?

Rollenspiele und Simulationen:

Übt in Paaren oder Kleingruppen das Geben und Empfangen von ehrlichem Feedback. Wie fühlt sich das an im Vergleich zu harmonischem Feedback? Diskutiert, welche Hindernisse es für ehrliches Feedback in eurer Organisation gibt und wie ihr diese überwinden könnt.

Sei kein Retter, sondern gib Feedback! Harmonie ist nur dann erstrebenswert, wenn diese aus Stärke, Kraft, Innovation und einem gesunden Miteinander besteht!

Zeit für eine kleine Reflexion. Selbstoffenbarungen helfen dir als Moderator:in eine Vorbildfunktion zu erfüllen. Nimm dir 5 Minuten und beantworte dir selbst folgende Fragen:

- Wie gehe ich selbst mit Feedback um?
- Fühle ich mich defensiv oder verletzlich?
- Neige ich dazu, Feedback zu ignorieren oder zu vermeiden?
- Was löst das Feedback in mir aus? Angst, Scham oder Unsicherheit?
- Welche positiven Aspekte habe ich aus vergangenem Feedback gezogen?

Strategien

Es gibt effektive Strategien, um die negativen Auswirkungen von (ab)wertendem Feedback zu vermeiden. Hier sind einige Ansätze:

1. **Klare Kommunikation und Erwartungen:**

- Stelle sicher, dass die Erwartungen an die Leistung und das Verhalten klar definiert sind. Wenn Mitarbeitende wissen, was von ihnen erwartet wird, können sie gezielter daran arbeiten.
- Vermeide vage oder allgemeine Aussagen. Konkretes Feedback ist hilfreicher.

2. **Konstruktives Feedback fördern:**

- Betone die Bedeutung von konstruktivem Feedback in der Unternehmenskultur. Ermutige Mitarbeitende, sowohl positives als auch „negatives"[4] Feedback zu geben.
- Zeige auf, wie konstruktives Feedback zur persönlichen Entwicklung beiträgt.

3. **Feedback-Regeln etablieren:**

- Setze klare Regeln für Feedback im Team. Zum Beispiel: "Feedback sollte respektvoll und konkret sein."
- Sensibilisiere für den Unterschied zwischen Wertungen und konstruktivem Feedback.

4. **Feedback-Gespräche vorbereiten:**

- Plane Feedback-Gespräche im Voraus. Überlege, wie du das Feedback strukturieren und vermitteln möchtest.
- Betone die positiven Aspekte und zeige Verbesserungspotenzial auf.

5. **Emotionale Intelligenz entwickeln:**

- Als Führungskraft ist es wichtig, empathisch zu sein. Verstehe die Gefühle und Perspektiven der Mitarbeitenden.
- Vermeide es, Feedback in hitzigen oder emotionalen Momenten zu geben.

---

[4] echtes Feedback ist niemals „negativ" - immer konstruktiv.

6. Feedback als Dialog sehen:

- Betrachte Feedback als einen kontinuierlichen Dialog, nicht als einmaliges Ereignis.
- Lade Mitarbeitende ein, ihre Sichtweise zu teilen und Fragen zu stellen.

7. Selbstreflexion und Selbstbewusstsein:

- Reflektiere deine eigene Haltung zum Feedback. Bist du eher wertend oder konstruktiv?
- Sei dir deiner eigenen Stärken und Schwächen bewusst und arbeite daran.

8. Feedback-Kultur etablieren:

- Schaffe eine offene Atmosphäre, in der Feedback normal ist und nicht als Bedrohung wahrgenommen wird.
- Belohne Mitarbeitende, die konstruktives Feedback geben.

Fazit

Eine offene Feedback-Kultur ist ein entscheidender Bestandteil der Organisationsentwicklung. Sie fördert Transparenz, Vertrauen und kontinuierliche Verbesserung. Durch die Etablierung klarer Kommunikationsregeln, regelmäßiger Feedback-Runden und die Anerkennung konstruktiven Feedbacks kannst Du eine solche Kultur erfolgreich implementieren.

Weiterführende Materialien

Nutze die praktischen Downloads und Links, um alle Materialien für Deinen Workshop griffbereit zu haben. Im letzten Kapitel "Downloads" findest Du alle benötigten Materialien in der Übersicht als QR Code und direkt auf „anja-mehland.de/downloads".

Hast du eigene Strategien? Notiere sie dir:

Methoden und Anleitungen

10 Feedback Regeln

1. Die erste und grundlegende Regel besagt, gib niemals ungefragt Feedback! Diese kannst du sehr leicht einhalten, indem du vorher einfach fragst.

„Möchtest du Feedback haben?" **oder** *„Kann ich dir Feedback zu deiner Präsentation geben?"* **oder** *„Ist es ok, wenn ich dir Feedback zu XY gebe?"*

Aber Achtung:

*Als Führungskraft liegt es in deiner **Verantwortung**, deine Mitarbeitenden zu entwickeln. Du bist für echtes Feedback verantwortlich und musst es beherrschen um die Organisation zu stärken und deiner Führungsrolle gerecht zu werden!*

Wenn dein Gegenüber das bejaht, dann gab es eine emotionale Entscheidung dafür und die Offenheit ist höher. Du kannst auch hingehen, eine Mail schreiben oder eine Messenger Nachricht und dein Feedback ungefragt und unaufgefordert geben, das ist meist nicht zielführend und wird eher als besserwisserisch oder „von oben herab" aufgenommen. Auch kann es passieren, dass dein Gegenüber einfach „nein, jetzt nicht - aber später" antwortet, auch das muss für dich in Ordnung sein.

Es geht schließlich um Feedback und nicht um dein Ego.

2. Sei spezifisch

Vermeide vage Aussagen wie "gut gemacht" oder "verbessere dich". Stattdessen benenne konkret, was gut war und welche Bereiche verbessert werden können. *Zum Beispiel: "Deine Argumentation in Abschnitt 2 war überzeugend, aber ich würde empfehlen, im Abschnitt 3 mehr Beispiele hinzuzufügen."*

3. Fokus auf das Verhalten, nicht auf die Person

Kritisiere das Verhalten oder die Leistung, nicht die Persönlichkeit der Person. Statt "Du bist faul" könntest du sagen: "Ich habe bemerkt, dass du die Aufgaben manchmal nicht rechtzeitig abschließt."

4. Biete Lösungen an

Stelle nicht nur Probleme fest, sondern denke auch darüber nach, wie Verbesserungen erreicht werden können. Zum Beispiel: "Um die Kommunikation im Team zu verbessern, könnten wir regelmäßige Stand-up-Meetings einführen."

5. Sei ausgewogen

Betone nicht nur die negativen Aspekte, sondern erwähne auch die positiven. Zeige Wertschätzung für das, was gut läuft, und identifiziere gleichzeitig Bereiche, die noch verbessert werden können.

6. Verwende „Ich"-Aussagen

Anstatt "Du solltest..." zu sagen, verwende "Ich denke..." oder "Ich schlage vor...". Dies macht das Feedback weniger anklagend und persönlicher.

7. Beachte den Zeitpunkt

Wähle den richtigen Moment für Feedback. Direkt nach einem Misserfolg kann es demotivierend sein. Warte auf einen passenden Zeitpunkt, um konstruktive Kritik zu äußern, auch wenn „zeitnah" wichtig ist!

8. Sei empathisch und höre zu

Berücksichtige die Gefühle der Person. Konstruktives Feedback sollte nicht verletzend sein, sondern dazu dienen, die Entwicklung zu fördern. Lass die andere Person ihre Sichtweise erklären. Vielleicht gibt es Gründe für das Verhalten, die du nicht kennst.

9. Sei konsistent

Wenn du regelmäßig Feedback gibst, halte dich an dieselben Standards und Kriterien. Das schafft Vertrauen und Klarheit.

10. Ermutige zur Selbstreflexion

Stelle Fragen wie "Was denkst du, hättest du anders machen können?" oder "Welche Schritte könnten zur Verbesserung führen?". Dadurch wird die Person angeregt, über ihre eigene Leistung nachzudenken.

Raum für deine Notizen und Gedanken:

Theorie in die Praxis umsetzen

Die kurze Theorie ist hiermit fast beendet und wir kommen jetzt zur praktischen Feedback Runde (mit etwas Theorie).

Du hast eingeladen, dich vorbereitet, Flipchart gemalt, zeitlichen Rahmen gesetzt, die Räumlichkeiten gebucht und für Getränke und Snacks gesorgt und nun? Jetzt kommt der mitunter wichtigste Teil eines jeden Workshops.

Allein die Tatsache das Du Deine Ressourcen genutzt und diesen Workshop vorbereitet hast reicht nicht aus, um diesen Tag auch effektiv zu gestalten. Als moderierende Person hast du nun die Aufgabe, dieses Format auch effektiv durchzuführen.

In diesem Kapitel ein paar Punkte, die du beachten solltest, um den Einstig in deine Workshops zu erleichtern.

Die Gruppendynamik

Situation 1: Alle starren dich (erwartungsvoll) an.

Dieses Phänomen wird oft als "Stille im Workshop" oder "Schweigen der Teilnehmenden" bezeichnet. Es kann verschiedene Gründe dafür geben, warum die Teilnehmenden dich als Moderator oder Moderatorin anstarren und nichts sagen:

1. Unsicherheit: Manche Teilnehmende fühlen sich unsicher oder haben Angst vor negativem Feedback. Sie möchten nichts Falsches sagen und halten sich daher zurück.

2. Mangelnde Vorbereitung: Wenn die Teilnehmenden nicht ausreichend auf den Workshop vorbereitet sind oder das Thema für sie neu ist, können sie sich in der Gruppe zurückhalten.

3. Dominante Persönlichkeiten: In manchen Workshops gibt es dominante Persönlichkeiten, die das Gespräch beherrschen. Andere Teilnehmende fühlen sich dadurch eingeschüchtert und trauen sich nicht, ihre Meinung zu äußern.

4. Gruppendynamik: Die Dynamik innerhalb der Gruppe kann dazu führen, dass einige Teilnehmende schweigen, während andere sprechen. Manchmal ist es schwer, als Einzelner gegen den Strom anzugehen.

Einstiegsmethoden

Beginne den Workshop mit einer lockeren Aktivität, um die Teilnehmenden aufzulockern. Das kann ein kurzes Spiel, eine Anekdote oder eine Frage sein, die zum Nachdenken anregt.

Persönliche Vorstellungsrunde: Lass die Teilnehmenden sich gegenseitig vorstellen. Das schafft eine freundliche Atmosphäre und baut Vertrauen auf.

Klare Erwartungen setzen: Erkläre den Zweck des Workshops, die Agenda und die Ziele. Wenn die Teilnehmenden wissen, was sie erwartet, fühlen sie sich sicherer.

Offene Frage stellen: Fordere die Teilnehmenden auf, eine offene Frage zu beantworten, z. B. "Was erhofft ihr euch von diesem Workshop?" Das bringt sie ins Gespräch.

Situation 2: Alle reden wild durcheinander.

In dieser Situation gibt es für mich nur eine Lösung. Berücksichtige in deiner Planung ein paar Minuten „verschwendete" Anlaufzeit. Je nachdem wie du geplant hast, stelle oder setze dich an einen Platz und halte aus. Kontrolliere deinen Impuls etwas zu sagen und beobachte die Gruppe.

Schaue ab und zu auf deine (imaginäre) Uhr und bleibe entspannt. Diese Methode ist nicht bei allen Workshops die richtige, aber hier geht es um ein offenes und (folglich für alle Anwesenden) um ein Mehrwert bringendes Meeting.
In einer nervösen und aufgeregten Gruppe Menschen wird es immer mindestens eine Person geben, der dich wahrnimmt und bemerkt, dass es eigentlich schon begonnen hat.

Das Phänomen, bei dem eine Gruppe von Menschen nacheinander verstummt, wenn der Moderator still ist und darauf wartet, dass alle Teilnehmenden aufmerksam sind, wird als "Leiterfixierung" bezeichnet. Dieser Begriff stammt aus der Gruppentheorie und beschreibt den Zustand, in dem die Gruppe die Unterstützung eines Gruppenleiters sucht, den sie als stärker empfindet als sich selbst. Die Gruppe erwartet von diesem Leiter Unterstützung und Zuwendung.

In der allerersten, unsichersten Phase der Gruppenentwicklung bestimmt der Modus der Leiterfixierung das Verhalten der Gruppe. Es handelt sich dabei um ein interessantes Phänomen, das die Dynamik und Interaktion innerhalb von Gruppen beeinflusst. Wenn der Moderator schweigt und darauf wartet, dass alle Teilnehmenden aufmerksam sind, kann dies dazu führen, dass die Gruppe ebenfalls verstummt und ihre Aufmerksamkeit auf den Moderator richtet. Es verdeutlicht, wie stark die Rolle des Leiters oder Moderators die Gruppendynamik beeinflussen kann.

Methoden

1. **Ruhe bewahren:** Klingt leicht, aber Impulskontrolle als Moderator ist wichtig um Ruhe auszustrahlen. Warte einen Moment, bis sich die Aufregung legt. Wenn ein Teilnehmender merkt, das du wartest, wird sich die Gruppe in ihrer Dynamik wandeln (ein spannendes Phänomen) und ihre Aufmerksamkeit auf Dich richten.

2. **Klare Struktur schaffen:** Gib den Teilnehmenden klare Anweisungen, wie sie sich äußern können. Zum Beispiel: "Wir hören uns jetzt nacheinander an, ohne uns zu unterbrechen."

3. **Kleingruppenarbeit**: Teile die Teilnehmenden in kleinere Gruppen auf und lass sie ihre Gedanken sammeln. Danach können sie ihre Ideen im Plenum präsentieren.

4. **Moderationstechniken nutzen:** Setze Moderationstechniken ein, um die Diskussion zu lenken. Zum Beispiel: "Lasst uns zuerst die positiven Aspekte besprechen und dann die Herausforderungen."

5. **Aktives Zuhören fördern:** Ermutige die Teilnehmenden, aufeinander zu hören und sich gegenseitig ausreden zu lassen. Das schafft Verständnis und Respekt.

6. **Verhaltensvereinbarung abfragen und visualisieren:** Erstellt gemeinsam Regeln für den Umgang miteinander in diesem Format. Visualisiere diese auf einem Flipchart, wenn ihr das gemeinsam erarbeitet, schaffst du gemeinsames Verständnis und bei Bedarf kannst du darauf verweisen, fall es wieder ausartet.

Strategien bei...

...negativen Kommentaren

Als Moderator ist es wichtig, professionell und souverän mit negativen Kommentaren umzugehen, insbesondere wenn vereinzelte Teilnehmende die offene Haltung und das Vertrauen in der Gruppe beeinträchtigen. Hier sind einige bewährte Strategien, die du anwenden kannst:

1. Ruhe bewahren und neutral bleiben: Wenn du auf negative Kommentare stößt, bleibe ruhig und neutral. Vermeide es, dich persönlich angegriffen zu fühlen. Deine Aufgabe ist es, die Diskussion zu moderieren und eine konstruktive Atmosphäre aufrechtzuerhalten.

2. Aktives Zuhören: Höre aufmerksam zu, was die betreffenden Teilnehmenden sagen. Manchmal steckt hinter negativen Kommentaren eine tiefere Unzufriedenheit oder ein Missverständnis. Indem du aktiv zuhörst, kannst du besser auf ihre Anliegen eingehen.

3. Klarheit schaffen: Kläre die Erwartungen und Regeln für die Gruppendiskussion. Mache deutlich, dass respektvolles Verhalten und konstruktive Beiträge erwünscht sind. Setze klare Kommunikationsregeln, um den Diskussionsverlauf zu steuern.

4. Individuell ansprechen: Wenn ein Teilnehmender wiederholt kontraproduktiv ist, sprich ihn individuell an. Nutze eine private Nachricht oder ein persönliches Gespräch, um seine Bedenken zu verstehen und Lösungen zu finden.

5. Gruppendynamik lenken: Als Moderator kannst du die Gruppendynamik beeinflussen. Stelle gezielte Fragen, um die Diskussion in eine positive Richtung zu lenken. Fokussiere auf Lösungen und gemeinsame Ziele.

6. Alternative Perspektiven einbringen: Lade andere Teilnehmende ein, ihre Sichtweise zu teilen. Manchmal können unterschiedliche Meinungen zu neuen Erkenntnissen führen und den Blickwinkel erweitern.

7. Konflikte deeskalieren: Wenn es zu Konflikten kommt, versuche, diese zu deeskalieren. Betone Gemeinsamkeiten und suche nach

Kompromissen. Manchmal hilft es, humorvolle Elemente einzubringen, um die Spannung zu lösen.

8. Notfalls eingreifen: Wenn ein Teilnehmender weiterhin negativ agiert und die Gruppendynamik stört, musst du als Moderator eingreifen. Entweder durch eine klare Ansage oder durch das Entfernen des Teilnehmenden aus der Diskussion.

...passiv aggressiven Teilnehmenden

Passiv-aggressive Kommentare können in der Tat herausfordernd sein, sei es im beruflichen Umfeld, in Beziehungen oder anderen Situationen. Hier sind einige Strategien, wie du souverän mit passiv-aggressivem Verhalten umgehen kannst:

1. Erkenne das Verhalten: Achte darauf, ob jemand wiederholt passiv-aggressive Bemerkungen macht. Diese äußern sich oft in sarkastischen Anmerkungen, übertriebener Kritik oder indirekten Spitzen.

2. Bleibe ruhig und neutral: Wenn du mit passiv-aggressiven Kommentaren konfrontiert wirst, versuche, ruhig zu bleiben. Lass dich nicht provozieren und reagiere nicht impulsiv. Eine sachliche Antwort ist oft effektiver als eine emotionale Reaktion.

3. Direkte Kommunikation: Sprich das Verhalten offen an. Du könntest sagen: "Ich habe bemerkt, dass du manchmal sarkastische Bemerkungen machst. Können wir darüber sprechen?" Kläre, wie dich diese Kommentare beeinflussen und welche Erwartungen du an die Kommunikation hast.

4. Setze klare Grenzen: Zeige, dass du solche Kommentare nicht akzeptierst. Du könntest sagen: "Ich bevorzuge eine direkte und respektvolle Kommunikation. Wenn du ein Problem hast, lass uns darüber sprechen."

5. Fokussiere auf Lösungen: Wenn jemand passiv-aggressiv ist, versuche, gemeinsam Lösungen zu finden. Frage nach konkreten Vorschlägen, wie die Situation verbessert werden kann.

6. Selbstreflexion: Überlege, ob dein eigenes Verhalten dazu beiträgt. Manchmal können wir unbewusst zu Konflikten beitragen. Sei bereit, dich selbst zu hinterfragen.

7. Suche Unterstützung: Wenn das Verhalten anhält, suche Unterstützung bei Kollegen, Vorgesetzten oder einem Coach. Manchmal ist es hilfreich, von außen Feedback zu erhalten.

> *„Als Moderator:in hast du die wichtige Rolle, eine positive und produktive Atmosphäre zu schaffen. Mit Geduld, Empathie und klarem Kommunikationsstil kannst du auch schwierige Situationen meistern und eine konstruktive Atmosphäre zu schaffen!"*

...bei introvertierten Teilnehmenden

1. Eisbrecher-Aktivitäten: Beginne den Workshop mit einer lockeren Aktivität, um die Teilnehmenden aufzulockern und das Eis zu brechen.

2. Kommunikationsregeln: Lege klare Kommunikationsregeln fest, z. B. dass jeder Teilnehmende mindestens einmal sprechen muss oder dass Kritik immer mit einer konstruktiven Alternative verbunden sein sollte. Das schafft Sicherheit.

3. Moderationstechniken: Als Moderator kannst du gezielt Fragen stellen, die die Teilnehmenden zum Sprechen ermutigen.

4. Erwartungen abfragen: Fordere die Teilnehmenden auf, ihre Erwartungen an den Workshop aufzuschreiben und kurz vorzustellen. Hier ein Beispiel:

5. Verhaltensvereinbarung abfragen und visualisieren: Erstellt gemeinsam Regeln für den Umgang miteinander in diesem Format. Visualisiere diese auf einem Flipchart, indem du einfach mitschreibst.

6. Ablauf aufzeigen: Ich gebe den Teilnehmen gerne einen zeitlichen und inhaltlichen Ablauf, so haben besonders stille Gruppen eine Vorstellung von dem was kommt und die Spannung löst sich.

7. Kleingruppenarbeit: Teile die Teilnehmenden in Kleingruppen auf, um Diskussionen zu fördern. Manchmal trauen sich Teilnehmende eher in kleineren Runden zu sprechen.

8. Visualisierung: Nutze Flipchart, Whiteboard oder andere visuelle Hilfsmittel, um Ideen zu sammeln. Introvertierte Teilnehmende können ihre Gedanken schriftlich festhalten, bevor sie sie mündlich äußern.

Sei dir bewusst, dass die meisten der Anwesenden aufgeregt sein werden, sie sind möglicherweise angespannt oder haben Ängste. Wer will denn schon Kritik hören oder Konflikte auslösen. Die Erwartungshaltung ist eine spannende Ausgangssituation und als Moderator oder Moderatorin ist es deine Aufgabe einen sicheren Raum zu schaffen.

Aktives Zuhören

Aktives Zuhören bedeutet, dass du nicht nur verstehen willst, was der andere zu sagen hat, sondern du willst auch verstehen, was der andere damit meint.

Wenn ich Menschen frage, was für sie „Aktives Zuhören" bedeutet, dann kommt häufig „Na wenn ich nicke und so Zuhörlaute mache".

Nun, das ist es nicht.

Als Moderator/in ist es oft wichtig das du noch einen Schritt weitergehst und empathisch zuhörst, also nicht „nur" verstehen willst, was der andere zu sagen hat und verstehen, was der andere damit meint, sondern auch **noch verstehen willst, was der andere fühlt.**

Wenn du in einer Gruppe echtes Feedback als Haltung dauerhaft implementieren möchtest, dann muss der Mehrwert erkannt und gelebt werden.

Als empathischer Zuhörer willst du nicht nur wissen was derjenige sagt und meint, sondern du willst seine Gefühlswelt verstehen. Du achtest hierbei besonders auf nonverbale Gesten z.B. Stirnrunzeln, Mund verziehen, lächeln, Augen zusammenkneifen, verschiedene Gesichtsausdrücke, Kopfnicken, Fusswippen, Zeigegesten, Körperhaltung, Augenkontakt starrend oder vermeidend und vieles mehr. Der Mensch zeigt dir unter -oder vorbewusst seine Gefühlswelt.

Paraphrasieren

Paraphrasieren ist eine Technik des *aktiven Zuhören*, bei der du die Aussagen deines Gesprächspartners in eigenen Worten wiedergibst. Ziel ist es, das Gesagte zu verstehen und gleichzeitig zu zeigen, dass du aufmerksam bist. Hier sind einige Beispiele, wie Paraphrasieren in Feedback-Runden angewendet werden kann:

1. "Verstehe ich das richtig, dass..." **oder** "Wenn ich dich richtig verstanden habe, dann..." **oder** "Du meinst also, dass..." **oder** "Wenn ich das zusammenfasse, dann sagst du..." **oder** "korrigiere mich, wenn ich falsch liege, du möchtest..."

Diese Satzanfänge helfen dir dabei, das Gesagte zu wiederholen und sicherzustellen, dass du den Inhalt richtig verstanden hast.

Lege dir hier ein paar eigene Gedanken und Sätze zurecht:

Praxis - Feedbackrunde

Fünf Workshop-Ideen für die direkte Umsetzung

Anm.: Nicht jede Methode ist für jede Gruppe oder Persönlichkeit geeignet. Ich erinnere mich gerne an die eine oder andere Berufsgruppe, (die ich nicht näher benennen möchte), die bei Wort „Workshop", Feedback, Teamtag oder ähnliches Schnappatmung bekamen und wenn es noch ums „mitarbeiten" und „kreativ werden" ging, blockierten und somit die Arbeit gefährdeten oder auch sabotierten. Das bedeutet nicht, dass diese Gruppen keinerlei Unterstützung oder Weiterentwicklung wollen, sondern es ist der Hinweis an dich, dass du dir genau überlegst, ob das Format passend ist. Wenn du dir unsicher bist, dann frage doch vorher einfach mal ab, was die Menschen überhaupt nicht wollen und was sie stattdessen brauchen.

Methode 1 - Behind the Mirror (zwei Varianten)

Teilnehmende: 6-12 Personen
Moderatoren: 1-2 Personen (abhängig von der Gruppengröße)
Zeitaufwand: ca. 4,5-6 Stunden (abhängig von der Gruppengröße)

Der „Behind the Mirror - Workshop" ist eine von mir weiterentwickelte und praxisorientierte Methode zur Förderung einer offenen Feedback-Kultur allen Arten von Teams in **zwei Varianten**. Basierend auf dem Johari-Fenster unterstützt dieses Format die Teilnehmenden dabei, eigene blinden Flecken zu erkennen, Verhaltensweisen zu reflektieren und Vertrauen durch die Haltung einer offenen Kommunikation zu stärken.

Diese Methode ist für Teams gedacht, die sich kennen, eine Vertrauensbasis haben und ein Grundverständnis für Feedback und ehrlicher und offener Kommunikation. Auch als Moderator:in kann dieses Format sehr herausfordernd sein, aber in jedem Falle positiv und entwicklungsfokussiert.

Ich stelle dir die Johari- Adjektive als „Kartenset" zum Drucken zur Verfügung. Hier kannst du selbst entscheiden, ob du sie mehrfach drucken und ausschneiden möchtest oder ob sie gut sichtbar ausgehangen werden.

Das Johari-Fenster unterteilt die kommunikative Persönlichkeit in 4 Teile. Der öffentliche Bereich, der Geheime Bereich, der unbekannt Bereich und der Blinde Fleck. Was das bedeutet, erfährst du jetzt.

1. Öffentlich: Dieser Bereich umfasst alles, was Du von Dir preisgibst und was sowohl Dir selbst als auch anderen bekannt ist. Dazu gehören äußere Merkmale wie Erscheinungsbild, Umgangsformen oder körperliche Reaktionen sowie persönliche Eigenschaften und innere Haltungen. Dieser Teil des Fensters ist im Vergleich zu den anderen Teilen meist eher klein, außer du bist extrovertiert oder sehr mitteilsam, dann kann der Bereich alles andere überschatten.

2. Geheim: Geheim ist alles, was Du über Dich selbst weißt und kennst, aber anderen entweder unwissentlich nicht zugänglich machst oder bewusst vor ihnen verbirgst. Ich halte das im beruflichen Kontext gesund. Nicht jedes Detail deines Privatlebens gehört ins Büro.

3. Blinder Fleck: Dieser Bereich repräsentiert die Persönlichkeitsmerkmale, die andere Menschen an uns wahrnehmen, die Du jedoch selbst nicht erkennst oder akzeptierst. Es ist der "blinde Fleck" in unserem Selbstbild. **Hier setzt Feedback an!**

4. Unbekannt: Dieser Bereich enthält Facetten unserer Persönlichkeit, die weder uns noch anderen bewusst sind. Es sind die nicht-öffentlichen Bereiche, die für Beziehungen zwischen Personen bestimmend sind.

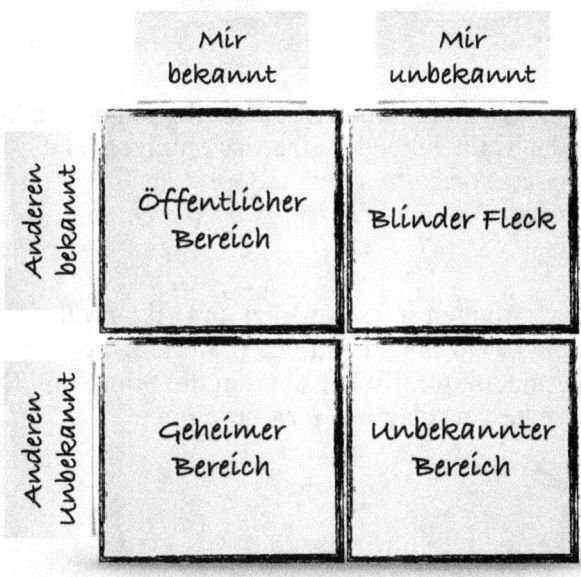

Schritt 1: Die Vorbereitung

Vorbereitung und Materialbeschaffung: Ein geschützter Raum, ein namentlich gekennzeichnetes Canvas für **jeden** Teilnehmenden in Flipchart Größe, eine ausreichend große Wand sowie Filzstifte, Klebezettel, Moderationskarten, Pinnwand, Klebestreifen und die Johari Adjektive.

Jeder Teilnehmende hat sein Canvas mit seinem Namen und hängt es leer an die Wand. Wenn alle Teilnehmenden damit fertig sind, entsteht eine Art Galerie.

Schritt 2: Die Einstimmung/Eisbrecher

Eine kleine Übung zum Einstieg sollte den Teamkollegen ein entspanntes Setting ermöglichen und Abstand zum Tagesgeschäft schaffen. Diese Übung könnte z.B. "Spiegelbild"sein, bei der sich die Teilnehmenden in Paare aufteilen und gegenseitig Bewegungen und Gesichtsausdrücke spiegeln, um die Atmosphäre zu lockern und das Bewusstsein für gegenseitige Wahrnehmung zu schärfen.

Gib eine kurze Einführung in das Thema Feedback-Kultur (insofern das noch nicht vorab mit den *Übungen* geschehen ist)

Schritt 3: Erwartungshaltung ermitteln

Die Feedbackrunde beginnt mit einer Selbstreflexion der Teilnehmenden. Dafür schreibt jeder Teilnehmende seine Erwartungen an diesen Workshop schriftlich auf Moderationskarten und heftet sie an eine Pinnwand *(Du kannst auch Klebezettel nehmen und an Glas kleben, bleib flexibel in der Art und Weise)*

Ob jeder seine Erwartungen selbst vorträgt und erklärt oder ob du zusammenfasst, bleibt Dir überlassen. Ich präferiere das selbst vortragen, da ein paar Erklärungen oft hilfreich sind um die Stimmung/Dynamik einzufangen und erste Unsicherheiten zu beseitigen.

Schritt 4: Selbstwahrnehmung - 2 Varianten

Die Wahl der Variante hängt der Gruppe ab. Variante 1 fördert Transparenz und Offenheit, während Variante 2 eine tiefere individuelle Reflexion ermöglicht. Beide Ansätze haben ihre Vor- und Nachteile, und du als Moderator:in solltest die Variante wählen, die am besten zu den Bedürfnissen der Gruppe passt.

Von einer Abstimmung innerhalb der Gruppe rate ich ab. Sehr selten sind sich die Teilnehmenden zu 100% einig und es wird immer einen „Verlierenden" geben.

Bei beiden Varianten muss Stille herrschen und du als Moderator:in achtest darauf, dass sich jeder mit sich selbst beschäftigt und nicht auf andere geachtet oder rumgealbert wird. Das ist meistens ein Zeitpunkt um an die Regeln und Erwartungen zu erinnern

Variante 1 - offen

Nach der Einstiegsphase beginnt die Feedback-Runde mit der Selbstwahrnehmung. Jeder Teilnehmende wählt 5-10 Adjektive aus der Liste, **schreibt sie auf kleine Moderationskarten und klebt diese auf sein persönliches Plakat** in den den „öffentlichen Bereich".

Vorteil - Die Teilnehmenden sehen sofort die Selbstwahrnehmung der anderen, was Offenheit und Vertrauen fördern kann.

Nachteil - Die Teilnehmenden könnten sich beeinflusst fühlen und weniger ehrlich sein.

Variante 2 - verdeckt

Nach der Einstiegsphase beginnt die Feedback-Runde mit der Selbstwahrnehmung. Jeder Teilnehmende wählt 5-10 Adjektive aus der Liste, **schreibt sie auf kleine Moderationskarten und behält diese für sich.** Das Canvas bleibt „leer".

Vorteil - Die Teilnehmenden setzen sich wirklich mit der Person auseinander und werden nicht von den anderen beeinflusst.

Nachteil - Die Selbstwahrnehmung wird erst später offengelegt, was den sofortigen Aufbau von Vertrauen und Offenheit verzögern könnte.

Noch ein Hinweis: Oftmals haben Teilnehmende sich eher selten erlaubt, sich ihrer Selbst bewusst sein zu dürfen. Die Auswahl fällt vielen schwer oder ein „darf ich das überhaupt über mich sagen" Gedanke kommt auf. Hier ist Fingerspitzengefühl und Ermutigung gefragt, so dass das Selbstbewusstsein und der Mut eines jeden Einzelnen klarer werden darf.

Schritt 5: Fremdwahrnehmung

Es folgt die Erklärung der Fremdwahrnehmung und der weitere Ablauf, dabei ist es egal ob du Variante 1 oder Variante 2 gewählt hast. Du kannst das wie folgt erklären:

Alle Informationen und Eigenschaften, die Andere über uns wissen, die uns selbst jedoch nicht bewusst sind, gehören in das Fenster der Fremdwahrnehmung. Der so genannte blinde Fleck. Das können sowohl positive als auch negative Dinge sein.
Das Ziel ist es, jedem von uns ein besseres Verständnis davon zu geben, wie wir von anderen wahrgenommen werden.

Jeder von euch hat bereits Adjektive ausgewählt, die eure Selbstwahrnehmung, euer Selbstbewusstsein offenbaren. Jetzt geht es aber um die Fremdwahrnehmung.
Dazu wählt ihr 5-10 Adjektive aus der gleichen Liste, die ihr für alle anderen Teilnehmenden als zutreffend empfindet.

Nehmt euch diese Adjektive und und klebt sie an das Johari-Fenster der jeweiligen Person an. Hierzu nutzt ihr den Bereich „Blinder Fleck"

Denkt daran, dass es hier keine richtigen oder falschen Antworten gibt – es geht darum, ehrliches und konstruktives Feedback zu geben.

Im nächsten Schritt wird jeder sein eigenes Johari-Fenster betrachten und die Unterschiede und Gemeinsamkeiten zwischen Selbst- und Fremdwahrnehmung reflektieren. Diese Reflexion ist ein wichtiger Schritt, um die Erkenntnisse in persönliches Wachstum umzusetzen. Dazu nach der Runde mehr. Ihr habt x Minuten Zeit.

(Das Zeitfenster muss individuell geplant werden, wenn es 6 Teilnehmende sind, dann braucht ihr für diese Runde 15-20 Minuten, wenn es 12 Teilnehmende sind dann 30-40 Minuten).

Jeder Teilnehmende wählt 5 Adjektive aus, die (aus seiner Wahrnehmung heraus) für die Person zutreffend sind und klebt sie auf das Canvas. In der Gesamtzeit macht das jeder für jeden. Das kann ein Durcheinander geben, daher ist die zweite Variante, dass sich jeder für 3-5 Minuten auf ein Canvas konzentriert und nach Ablauf der Zeit zum nächsten geht usw. bis jeder seine Empfindungen bei jedem offenbart hat, die entspanntere Variante.

Das geben doppelter Adjektive soll vermieden werden. Wenn eine Person „dasselbe" Adjektiv geben möchte, wie es bereits gegeben wurde, dann reicht ein Klebepunkt oder ein +1 o.ä.

Wenn alle Teilnehmenden fertig sind, hole sie wieder an den Tisch oder in den Stuhlkreis.

Schritt 6: Zusammenführen der Ergebnisse

Falls du Variante 2 gewählt hast, ist jetzt der Zeitpunkt gekommen, an dem jeder Teilnehmende seine eigenen Adjektive in seinen *„Öffentlicher Bereich"* bringt. Jeder Teilnehmende vergleicht dann seine Selbstwahrnehmung mit der Fremdwahrnehmung und überträgt die Adjektive, die sowohl in der Selbst- als auch in der Fremdwahrnehmung vorkommen, werden in das Feld *„Öffentlicher Bereich"*.

Adjektive, die ausschließlich in der Fremdwahrnehmung vorkommen, verbleiben im „Blinder Fleck".

Wenn alle Teilnehmenden fertig sind, kommt jeder zurück an den Tisch oder in den Stuhlkreis.

Schritt 7: Reflexion und Diskussion

Frage als erstes kurz in die Runde, *„Wie gehts euch jetzt?"*.

Hole dir erste Eindrücke und vergleiche für Dich die Gruppendynamik zu Beginn und jetzt. Ist es eher locker? Ist die Anspannung abgefallen? Ist die Gruppe eher ruhig und nachdenklich oder ausgelassen?

Jetzt reflektiert jeder Teilnehmende die Gemeinsamkeiten und die Unterschiede. Bitte die Teilnehmenden ihre Erkenntnisse und Gefühle zu teilen. Du moderierst diese Diskussion und stellst Fragen um den Prozess der Reflektor zu vertiefen. Nachfolgend habe ich dir ein paar Beispiele für Reflektionsfragen aufgelistet. Suche dir gezielt einzelne Fragen aus und rege damit die Offenheit und Diskussion an. Du kannst deine Fragen auch visuell darstellen und jeder Teilnehmende beantworte die, welche für ihn oder sie am besten passt.

Fragen zur Selbstreflexion:

- Welche Adjektive aus der Fremdwahrnehmung haben dich überrascht und warum?
- Welche Gemeinsamkeiten gibt es zwischen deiner Selbstwahrnehmung und der Fremdwahrnehmung?
- Welche Unterschiede bestehen zwischen deiner Selbstwahrnehmung und der Fremdwahrnehmung?
- Wie fühlst du dich, wenn du die Adjektive aus der Fremdwahrnehmung liest?
- Was hast du über dich selbst gelernt, das du vorher nicht wusstest?
- Welche Adjektive aus der Fremdwahrnehmung möchtest du besser verstehen oder erkunden? (Verständnisfragen fordern und fördern)
- In welchen Bereichen siehst du Potenzial für dein persönliches Wachstum?
- Welche Verhaltensweisen möchtest du ändern oder beibehalten, auf Grundlage des Feedbacks?

Fragen zur Gruppenreflexion:

- Welche gemeinsamen Themen oder Muster haben sich im Feedback der Gruppe gezeigt?
- Wie können wir als Team die Kommunikation verbessern, basierend auf unseren blinden Flecken?
- Welche Maßnahmen können wir ergreifen, um offener und transparenter miteinander zu sein?
- Wie können wir sicherstellen, dass jeder im Team regelmäßig konstruktives Feedback erhält?
- Welche Unterstützungsmaßnahmen oder Ressourcen benötigt das Team, um besser zusammenzuarbeiten?
- Wie können wir das Vertrauen innerhalb des Teams weiter stärken?

Fragen zur persönlichen Weiterentwicklung:

- Welche konkreten Schritte kannst du unternehmen, um die blinden Flecken weiter zu reduzieren?
- Wie kannst du regelmäßiger Feedback von deinen Kollegen und Kolleginnen einholen?
- Welche Fähigkeiten oder Kompetenzen möchtest du weiterentwickeln?
- Welche Ziele möchtest du dir setzen, basierend auf dem Feedback?
- Wie kannst du sicherstellen, dass du das Feedback konstruktiv in deine tägliche Arbeit integrierst?
- Mit welchen Strategien kannst du deine verborgenen Stärken besser nutzen und sichtbar machen?

Nach der Reflexions -und Diskussionsrunde nimmt sich jeder Teilnehmende nochmal **3-5 Minuten Zeit** und füllt die letzten beiden Spalten *„Das habe ich über mich selbst gelernt"* und *„Das nehme ich mir mit"* auf dem eigenen Canvas aus.

Schritt 8: Ausklang und Nachhaltigkeit sichern

Um sicherzustellen, dass jeder für sich das Erfahrene anwenden und umsetzen kann, können verschiedene Maßnahmen hilfreich sein.

Eine Möglichkeit ist die Erstellung eines persönlichen Aktionsplans: Jeder Teilnehmende notiert 1-2 konkrete Maßnahmen, die er oder sie umsetzen möchte.

Eine weitere Möglichkeit ist die Bildung von Feedback-Buddys: Teilnehmende finden sich in 2er oder 3er Gruppen zusammen und vereinbaren regelmäßige Feedback-Treffen (z.B. alle zwei Wochen).

Es ist dabei völlig irrelevant welche Methode ihr nutzt, um die Nachhaltigkeit zu sichern. Es geht primär um das „überhaupt etwas tun" Prinzip, sonst besteht die große Gefahr, dass die letzten Stunden verpuffen und euer aller Zeit verschwendet wurde.

Als letzten Schritt gibt es -wie soll es anders sein- eine Feedbackrunde zu dir und dem Workshop Format.

- **Was hat euch besonders gefallen?**
- **Was kann ich noch besser machen?**

Lass das Feedback schriftlich auf Moderationskarten notieren und an die Pinnwand heften. So kannst du auch morgen, nächste Woche oder zum nächsten Workshop darauf zurückgreifen und direkt umsetzen.

Platz für deine Notizen und Gedankenstützen:

Methode 2 - Entdecker-Map Canvas

Teilnehmende: 6-12 Personen
Moderatoren: 1-2 Personen (abhängig von der Gruppengröße)
Zeitaufwand: ca. 4,5 Stunden

Beim Entdecker-Map Canvas handelt es sich um eine praxisorientierte Methode, die in Teams und Gruppen, welche zusammenarbeiten angewendet wird. Es geht hier um die blinden Flecken, um Verhaltensweisen und um Offenheit. Diese Methode eignet sich hervorragend für „Feedback-Anfänger", da es in erster Linie um schriftliches Feedback geht und jeder Zeit zum schreiben, zum korrigieren und zum Nachdenken bekommt.

*Das original **Feedback Canvas** wurde von Svenja Hofert entwickelt.*

Du kannst das Canvas „leer" nutzen (Name und Erwartungen sind vorbereitet) oder du druckst es voll ausgefüllt aus. Die Teilnehmenden schreiben dann selbst „Was ich an Dir und Deiner Arbeit schätze", Was ich dir wünsche, dass es dir besser gelingt", „Darauf bin ich stolz" und "Das nehme ich mir mit".

Falls Du Dich für die zweite Variante entscheidest, dann ist es ratsam, nur die leeren Felder beschriften zu lassen, die gerade bearbeitet werden.

Schritt 1: Die Vorbereitung

Vorbereitung und Materialbeschaffung: Ein namentlich gekennzeichnetes und mit den entsprechenden Fragen/Bereichen vorbereitetes Blatt für **jeden** Teilnehmenden, idealerweise im DIN-A2-Format, ein ausreichend großer Tisch sowie Filzstifte. DIN A4 geht natürlich auch, dann muss kleiner geschrieben werden und natürlich - einen Timer.

Schritt 2: Die Einstimmung/Eisbrecher

Eine kleine Übung zum Einstieg sollte den Teamkollegen ein entspanntes Setting ermöglichen und Abstand zum Tagesgeschäft schaffen. Diese Übung könnte z.B. **"Zwei-Minuten-Feedback"** sein, bei der sich die Teilnehmenden in Paare aufteilen und sich gegenseitig zwei Minuten lang konstruktives Feedback geben.

Das „Spiel" beginnt damit, dass ein Person einer anderen Person zwei Minuten lang Feedback zu einer kürzlich erbrachten Leistung, einem Projekt oder einer allgemeinen Fähigkeit gibt. Nach Ablauf der 2 Minuten ertönt ein Signal, und die Rollen werden getauscht. Jetzt gibt diese Person ebenfalls zwei Minuten lang Feedback.

Nach dem ersten Austausch wechseln die Teilnehmenden die Partner, sodass sie mit einer neuen Person Feedback austauschen können.

Sammle die Gruppe wieder und frage kurz nach den Erfahrungen: Wie hat es sich angefühlt, in kurzer Zeit Feedback zu geben und zu empfangen? Welche Erkenntnisse haben sie gewonnen?

Schritt 3: Erwartungshaltung ermitteln

Die Feedbackrunde beginnt mit einer Selbstreflexion der Teilnehmenden. So wird allen klar, dass es vorrangig um den Einzelnen geht. Dafür beantwortet jeder Teilnehmende schriftlich für sich die folgenden zwei Fragen auf seinem Blatt:

- Was kann man von mir erwarten?
- Was erwarte ich vom Team?

Stelle sicher, dass es bei dieser Abfrage um den Workshop geht und nicht um das allgemeine Arbeiten. Dinge wie Pünktlichkeit und Zuverlässigkeit sind wichtig, aber in diesem Kontext nicht sinnvoll.

Schritt 4: Schriftliche Feedback-Runden

<u>7-10 Minuten pro Runde</u>

Nach der Einstiegsphase beginnt die Feedback-Runde. Falls du das leere Canvas gewählt hast, dann notieren jetzt alle Teilnehmenden die folgenden zwei Sätze auf ihrem **persönlichen** Blatt:

- Was ich an Deiner Arbeit schätze.
- Was ich Dir wünsche, dass es dir besser gelingt.

Danach reicht jeder Teilnehmende sein Blatt an seinen Tischnachbarn weiter. Jeder Teilnehmende hat jetzt ein „fremdes" Blatt vor sich und schreibt seine Wertschätzung und sein konstruktives Feedback in die beiden Bereiche.

Dabei sollte der Moderator nochmals betonen, dass sich die Antworten nicht auf die Person beziehen, sondern auf geleistete Arbeit und Verhalten. Erinnere an die Rollenspiele und die Übungen und bereits von anderen Teammitgliedern *notierte Aspekte dürfen nicht wiederholt* **werden, können aber gegebenenfalls präzisiert oder durch konkrete Beispiele erläutert werden.**

Die spezifische Formulierung der Feedback-Bereiche stellt auch bei offensichtlichen Kritikpunkten sicher, dass das Feedback wertekonform und lösungsfokussiert ausgedrückt wird.

Dieser Teil der Aufgabe wiederholt sich so lange, bis jeder Teilnehmende wieder sein persönliches Blatt vor sich liegen hat.
Das Resultat: Jeder hat für jeden sowohl Lob als auch Verbesserungspotenziale aufgeschrieben.

Schritt 5: Die Selbstreflexion

Jetzt wechselt die Gruppe wieder vom gegenseitigen Feedback in die Selbstreflexion. Jeder liest sein persönliches Feedback, welches die anderen Teammitglieder auf dem Blatt notiert haben. Die Selbstreflexion kann wertvoller werden, indem die Teilnehmenden Verständnisfragen zu dem Feedback stellen, das sie erhalten haben. Dadurch kann ein offener Dialog entstehen, der den einzelnen Teilnehmenden weiter hilft.

An diesem Punkt ist es besonders wichtig zu beobachten, man sieht oft Stirnrunzeln oder Schmunzeln, Augen zusammenkneifen, Finger trommeln. Greife deine Beobachtungen auf und stelle die Frage, ob jemand Verständnisfragen hat, offen in die Runde. Für den Fall, dass niemand antwortet, greife die beobachteten Emotionen auf und sprich die Teilnehmenden direkt an. Jeder sollte ein paar Rückfragen haben. Achte dringend darauf, dass niemand in eine Rechtfertigungshaltung kommt.

Anschuldigungen und Rechtfertigungen gilt es zu verhindern. Gegebenenfalls sollten vor dem Einstieg in den Dialog nochmals **grundsätzliche Feedback-Regeln besprochen werden und an die gemeinsam erarbeiteten Verhaltensgrundlagen erinnert werden.**

Schritt 6: Die Selbstoffenbarung

Nach der Feedback-Runde beginnt die Selbstoffenbarung. Folgende Fragen können helfen, persönliche Schwerpunkte zu setzen, weshalb dafür die letzten beiden Bereiche auf dem Blatt vorgesehen sind. Falls du das leere Canvas gewählt hast, dann notieren jetzt alle Teilnehmenden die folgenden zwei Sätze auf ihrem **persönlichen** Blatt in das Canvas:

- Worauf bin ich stolz?
- Das nehme ich mir mit

Im Anschluss an die Selbstreflexion erläutert jeder Teilnehmende den anderen Teammitgliedern, welche der notierten Aspekte für ihn persönlich besonders relevant erscheinen. Um tatsächlich Änderungen vornehmen zu können, sollte jeder nur ein oder zwei Schwerpunkte zur persönlichen Verbesserung setzen und versuchen, diese nachhaltig zu verbessern, anstatt viele Aspekte jeweils nur ein bisschen anzugehen. **Die Entscheidung, was dem Team gegenüber transparent gemacht wird - und was nicht -, trifft jeder Einzelne für sich.**

Die Selbstoffenbarung kann erweitert werden, indem die Teilnehmenden, die dies möchten, die Kollegen im Hinblick auf bestimmte Aspekte um Unterstützung bitten.

Schritt 7: Der Ausklang

Zum Abschluss der Runde sollte jeder kurz erläutern, was ihn an dieser Feedback-Runde überrascht hat und/oder was ihm besonders gefallen hat. An diesem Punkt können alle Teilnehmenden das Erlernte weiter umsetzen. Fordere Feedback ein und verabschiede die Runde.

Schritt 8: Nachhaltigkeit sichern

Der Moderierende, der Teamlead oder jemand mit der Verantwortung sollte die Teilnehmenden ermutigen, sich das Feedback immer wieder einmal anzusehen und zu reflektieren, eventuell kann er das Team auch nach einigen Wochen aktiv daran erinnern. Ebenso kann es sinnvoll sein, nach fünf bis sechs Monaten eine weitere Feedback-Runde zu veranstalten, die entweder auf der vorherigen aufbaut oder lediglich in der gleichen Form wiederholt wird.

Um sicherzustellen, dass jeder für sich das Erfahrene anwenden und umsetzen kann, können verschiedene Maßnahmen hilfreich sein.

Eine Möglichkeit ist die Erstellung eines persönlichen Aktionsplans: Jeder Teilnehmende notiert 1-2 konkrete Maßnahmen, die er oder sie umsetzen möchte.

Eine weitere Möglichkeit ist die Bildung von Feedback-Buddys: Teilnehmende finden sich in 2er oder 3er Gruppen zusammen und vereinbaren regelmäßige Feedback-Treffen (z.B. alle zwei Wochen).

Es ist dabei völlig irrelevant welche Methode ihr nutzt, um die Nachhaltigkeit zu sichern. Es geht primär um das „überhaupt etwas tun" Prinzip, sonst besteht die große Gefahr, dass die letzten Stunden verpuffen und euer aller Zeit verschwendet wurde.

Als letzten Schritt gibt es -wie soll es anders sein- eine Feedbackrunde zu dir und dem Workshop Format.

- **Was hat euch besonders gefallen?**
- **Was kann ich noch besser machen?**

Lass das Feedback schriftlich auf Moderationskarten notieren und an die Pinnwand heften. So kannst du auch morgen, nächste Woche oder zum nächsten Workshop darauf zurückgreifen und direkt umsetzen.

Platz für deine Notizen und Gedankenstützen:

Methode 3 - Das Feedback-Atelier

Teilnehmende: 8-15 Personen
Moderatoren: 1-2 Personen (abhängig von der Gruppengröße)
Zeitaufwand: ca. 5-8 Stunden (abhängig von der Gruppengröße)

Das "Feedback-Atelier" ist eine meiner kreativeren Methoden.

Dieses Format nutzt kreative, visuelle Ausdrucksformen, um Feedback sichtbar zu machen. In den Stunden der Zusammenarbeit visualisieren die Teilnehmenden ihre Gedanken und Gefühle zu einem bestimmten Thema durch künstlerische Gestaltung. Anschließend erhalten sie konstruktives Feedback von anderen Teilnehmenden, das ihnen hilft, neue Perspektiven zu gewinnen und ihre Ansätze weiterzuentwickeln.

Diese Methode eignet sich besonders für Teams und Gruppen, die in einer kreativen und/oder kollaborativen Umgebungen agieren, sowie für solche, die abseits der herkömmlichen Feedback Methoden, nach neuen Wegen, suchen, um Feedback und Reflexion zu fördern.

Dieser Workshop bietet euch eine einzigartige Möglichkeit, die Kommunikation zu verbessern, das Verständnis füreinander zu vertiefen und konkrete Maßnahmen zur Umsetzung des Feedbacks zu entwickeln, sowie viel Spass zu haben!

Durch die Verbindung von Kunst und Feedback kann ein tieferes Verständnis und eine nachhaltigere Veränderung ermöglicht werden.

Schritt 1: Die Vorbereitung

Vorbereitung und Materialbeschaffung

- **Materialien**: Verschiedene Arten von Papier und Leinwänden, Stifte, Marker, Farben, Pinsel, Collagenmaterialien (Zeitschriften, Fotos, Kleber, Scheren), Modellbaumaterialien (Ton, Knete, Draht, Holzstücke), Flipchart, Moderationskarten und Stifte für Notizen und Feedback, also alles was du auch im Zimmer eines Kindes finden würdest.

- **Raumvorbereitung**: Ein geräumiger, gut beleuchteter Raum, in dem die Teilnehmenden sich frei bewegen und arbeiten können. Getränke und Snacks stehen bereit und die Materialien sichtbar und griffbereit.

Schritt 2: Die Einstimmung/Eisbrecher (20 Minuten)

Die kleine kreative Übung „Gemeinsames Zeichnen" zum Einstieg sollte den Teamkolleg:innen ein entspanntes Setting ermöglichen und Abstand zum Tagesgeschäft schaffen.

„Lasst uns gemeinsam ein Bild zeichnen, ohne miteinander zu sprechen. Jeder von euch fügt der Zeichnung nach und nach etwas hinzu. Wechselt die Positionen, wenn ich das Signal gebe, und lasst eurer Kreativität freien Lauf. Jede Runde geht ca. 3 Minuten"

Materialien: Große Papierbögen oder Flipchart-Papier, Bunte Marker, Stifte und Farben.

Ablauf: Teile die Teilnehmenden in Grüppchen von 3-4 Personen ein. Jede Gruppe erhält ein Blatt Papier und bunte Marker.

In jeder Gruppe beginnt eine Person, ein Bild zu zeichnen.
Die Aufgabe ist, dass jeder Teilnehmende nach und nach etwas weiter zeichnet oder dazu malt oder, oder, oder. Der Phantasie sind hier keine Grenzen gesetzt.

Die Zeichnung sollte fließend und zusammenhängend sein und das alles ohne verbale Kommunikation. Soll heißen, die Teilnehmenden **dürfen nicht miteinander sprechen.**

Wechseln der Positionen:

Nach 2-3 Minuten signalisiere den Gruppen, dass sie die Positionen wechseln und ein anderes Gruppenmitglied mit der Zeichnung weitermacht.

Dies wird so lange wiederholt, bis alle Gruppenmitglieder mehrmals an der Zeichnung gearbeitet haben und das Bild fertig ist.

Präsentation und Diskussion: Wenn die Zeichnungen fertig sind, bitte die Gruppen, ihr Werk den anderen Gruppen zu präsentieren.

Diskutiere gemeinsam, wie es war, ohne Worte zu kommunizieren und wie die Zusammenarbeit funktioniert hat.

Frage nach den Erfahrungen: Was war herausfordernd? Was hat Spaß gemacht? Sind Ideen sind entstanden?

Schritt 3: Erwartungshaltung ermitteln

Der Workshop geht weiter mit einer Selbstreflexion der Teilnehmenden. Dafür schreibt jeder Teilnehmende seine Erwartungen an diesen Workshop schriftlich auf Moderationskarten und heftet sie an eine Pinnwand

Ob jeder seine Erwartungen selbst vorträgt und erklärt oder ob du zusammenfasst, bleibt Dir überlassen. Ich empfehle, dass jeder seine Erwartungen selbst vorstellt, da ein paar Erklärungen oft hilfreich sind, um die Stimmung/Dynamik einzufangen und erste Unsicherheiten zu beseitigen.

Schritt 4: Themenfindung (15 Minuten)

Themenwahl: Jeder Teilnehmende wählt ein Thema, zu dem er oder sie Feedback erhalten möchte. Das kann eine berufliche Herausforderung, ein laufendes Projekt oder ein persönliches Entwicklungsziel sein.

Vorstellung der Themen: Jeder Teilnehmende stellt sein gewähltes Thema kurz vor.

Als Moderator:in stellt du jetzt folgende Aufgabe:

"Denkt an ein Thema, bei dem ihr echtes, konstruktives Feedback benötigt. Es kann etwas Berufliches oder Persönliches sein, das euch aktuell beschäftigt oder spontan in den Sinn kommt."

Du kannst die Aufgabe vorbereitend auf ein Flipchart schreiben oder an die Wand projizieren. Was am besten zu dir und der Gruppe passt.

Wenn du den Eindruck hast, bei deinen Teilnehmenden schwebt das sprichwörtliche „Fragezeichen" über den Köpfen, kannst du an dieser Stelle fragen, ob die Teilnehmenden ein Beispiel brauchen, so stellst du sicher, das alle die Aufgabe verstanden haben und niemand ohne Idee in die kreative Phase geht. Ich zeige dir 3 Beispiele und mögliche Themen im nächsten Kapitel auf.

Schritt 5: Kreative Phase 1 (45 Minuten)

Materialauswahl: Die Teilnehmenden suchen sich jetzt die bereitgestellten Materialien wie Papier, Stifte, Farben, Collagenmaterialien und Modellbaumaterialien aus. Es wird wahrscheinlich etwas durcheinander gehen, aber sie werden sich einigen.

Kunstwerk erstellen: Jetzt geht es in die Einzelarbeit. Die Teilnehmenden erstellen ein persönliches Kunstwerk, welches das jeweilige Feedback-Thema visualisiert. Dabei sind der Phantasie keine Grenzen gesetzt.

Gib folgende Fragen als Impulse mit:

- Wie fühle ich mich in Bezug auf dieses Thema?
- Was sind die größten Herausforderungen?
- Welche Erfolge habe ich bereits erzielt?

„Und jetzt lasst eurer Kreativität freien Lauf und versucht, eure Gedanken und Gefühle zu diesem Thema in eurem Kunstwerk visualisieren."

Schritt 6: Schriftliche Feedback-Runden (45 Minuten)

Feedback geben und erhalten

Präsentation der Kunstwerke: Jeder Teilnehmende präsentiert sein Kunstwerk der Gruppe.

Schriftliches Feedback: Die Gruppe gibt konstruktives, schriftliches Feedback. Fokus auf positive Aspekte, konstruktive Kritik und Klärungsfragen.

„Denkt daran, beim Feedback sowohl positive Aspekte als auch Verbesserungsvorschläge zu nennen. Konstruktives Feedback hilft uns, zu wachsen."

Schritt 7: Kreative Phase 2 (30 Minuten)

- **Anpassung und Weiterentwicklung:** Überarbeitet eure Kunstwerke basierend auf dem erhaltenen Feedback. Ihr könnt neue Elemente hinzufügen oder bestehende Elemente verändern.
- **Reflexion:** Reflektiert über die vorgenommenen Veränderungen und deren Bedeutung.

"Nehmt das Feedback auf und versucht, es in eure Kunstwerke zu integrieren. Denkt darüber nach, wie diese Änderungen eure Perspektive verändern."

Schritt 8: Präsentation und Diskussion (30 Minuten)

Endpräsentation: Präsentiert die finalen Versionen eurer Kunstwerke.

Gruppendiskussion: Offene Diskussion über die Erkenntnisse und Erfahrungen. Fragen zur Anregung:

- Was habe ich durch das Feedback gelernt?
- Wie hat sich meine Sichtweise verändert?
- Welche konkreten Schritte möchte ich als nächstes unternehmen?

„Teilt mit der Gruppe, was ihr gelernt habt und wie ihr das Feedback umsetzen möchtet."

Schritt 9: Abschluss und Takeaways (15 Minuten)

Zusammenfassung und Handlungsplan

- **Zusammenfassung:** Zusammenfassung der wichtigsten Erkenntnisse durch den Moderator die Moderatorin.

- **Handlungsplan:** Jeder Teilnehmende erstellt einen kurzen Plan zur Umsetzung der gewonnenen Erkenntnisse im Alltag.

- **Feedback zum Workshop:** Kurze Feedbackrunde zum Workshop selbst.

„Zum Abschluss fassen wir die wichtigsten Punkte zusammen und erstellen einen Plan, wie wir das Gelernte umsetzen können."

Schritt 10: Nachhaltigkeit sichern

Langfristige Implementierung

Follow-Up: Planung von Follow-Up-Workshops zur Überprüfung des Fortschritts und zur langfristigen Implementierung der erarbeiteten Maßnahmen.

Feedback-Protokolle: Erstellung von Protokollen oder Dokumentationen der Feedback-Runden für spätere Referenzen.

„Denkt daran, dass der Workshop der erste Schritt ist. Plant Follow-Up-Workshops und erstellt Protokolle, um euren Fortschritt zu überprüfen und die Nachhaltigkeit zu sichern."

Drei Beispiele für ein fiktiven Ablauf des Workshops und mögliche Themen, um das Format besser zu begreifen, findest du im nächsten Kapitel.

Methode 4 - Speedback

Teilnehmende: 8-15 Personen
Moderatoren: 1-2 Personen (abhängig von der Gruppengröße)
Zeitaufwand: ca. 4-8 Stunden (abhängig von der Gruppengröße)

Einleitung

Willkommen zum „Speedback[5]"! Diese humorvolle und dynamische Methode nutzt das Konzept des Speed-Datings, um schnelles und effektives Feedback zu ermöglichen. Durch kurze, fokussierte Gespräche mit verschiedenen Teilnehmenden erhält jeder die Möglichkeit, konstruktives Feedback zu geben und zu erhalten. Dies fördert nicht nur die Kommunikation, sondern hilft auch, unterschiedliche Perspektiven und Ideen zu sammeln.

Schritt 1: Die Vorbereitung

Vorbereitung und Materialbeschaffung

Materialien: Moderationskarten, Stifte, Timer oder Glocke

Raumvorbereitung: Ein geräumiger Raum mit Tischen und Stühlen, die paarweise angeordnet sind, damit sich die Teilnehmenden gegenüber sitzen können.

„Stelle sicher, dass der Raum so vorbereitet ist, dass sich alle Teilnehmenden wohl fühlen und leicht die Plätze wechseln können."

Schritt 2: Die Einstimmung/Eisbrecher

Eisbrecher-Übung: Eine kurze Übung zum Einstieg, z.B. "Zwei Wahrheiten und eine Lüge", um die Atmosphäre zu lockern und die Teilnehmenden miteinander vertraut zu machen und erste Selbstoffenbarungen herauszulocken.

Jeder Teilnehmende denkt sich drei Aussagen über sich selbst aus: zwei davon sind wahr und eine ist gelogen.

---

[5] ursprünglich bei Thoughtworks für Zoom Breakout Rooms entwickelt.

Der Reihe nach teilt jeder die drei Aussagen mit der Gruppe. Die anderen versuchen, die Lüge zu identifizieren. Diese Übung lockert die Atmosphäre auf, fördert das (tiefere) Kennenlernen und sorgt für ein wenig Spaß und Lachen zu Beginn des Workshops.
Es hilft den Teamkolleg:innen, sich gegenseitig besser kennenzulernen und schafft ein positives und offenes Klima für den weiteren Verlauf.

Schritt 3: Erwartungshaltung ermitteln

Erwartungen sammeln: Jeder Teilnehmende schreibt seine Erwartungen und Ziele für den Workshop auf Moderationskarten.

Vorstellung der Erwartungen: Jeder Teilnehmende stellt seine Erwartungen kurz vor, indem er seine beschrifteten Karten nach vorne bringt und an ein Flipchart pinnt.

„Denkt darüber nach, was ihr von dem heutigen Workshop erwartet und welche Ziele ihr erreichen möchtet."

Schritt 4: Themenfindung (15 Minuten)

Themenwahl: Jeder Teilnehmende wählt ein Thema, zu dem er Feedback erhalten möchte. Dies kann eine berufliche Herausforderung, ein laufendes Projekt oder ein persönliches Entwicklungsziel sein.

Vorstellung der Themen: Jeder Teilnehmende stellt sein gewähltes Thema kurz vor.

Als Moderator:in stellt du folgende Aufgabe:

"Denkt an ein Thema, bei dem ihr echtes, konstruktives Feedback benötigt. Es kann etwas Berufliches oder Persönliches sein, das euch aktuell beschäftigt oder spontan in den Sinn kommt."

Du kannst die Aufgabenstellung vorbereitend auf ein Flipchart schreiben oder an die Wand projizieren. Was am besten zu dir und der Gruppe passt.

Wenn du den Eindruck hast, bei deinen Teilnehmenden schwebt auch hier das sprichwörtliche „Fragezeichen" über den Köpfen, kannst du an dieser Stelle fragen, ob die Teilnehmenden ein Beispiel brauchen, so stellst du sicher, das alle die Aufgabe verstanden haben und niemand ohne Idee in die kreative Phase geht. Ich zeige dir hier ebenfalls Beispiele und mögliche Themen im nächsten Kapitel auf.

Schritt 5: Speedback-Runden (45 Minuten)

Erste Runde (20 Minuten): Die Teilnehmenden bilden Paare und haben jeweils 5 Minuten Zeit, um ihrem Partner Feedback zu geben. Nach 5 Minuten wird das Signal gegeben, und die Paare wechseln.

Zweite Runde (20 Minuten): Wiederholung der Feedback-Sitzung mit neuen Partnern.

Schriftliches Feedback: Die Teilnehmenden notieren das erhaltene Feedback auf Moderationskarten.

„Denkt daran, beim Feedback sowohl positive Aspekte als auch Verbesserungsvorschläge zu nennen. Konstruktives Feedback hilft uns, zu wachsen."

Schritt 6: Reflexion und Diskussion (30 Minuten)

Reflexion: Die Teilnehmenden reflektieren über das erhaltene Feedback und notieren ihre Gedanken und Erkenntnisse.

Diskussion: Offene Diskussion über die Erfahrungen und Erkenntnisse aus den Speedback-Runden.

„Nehmt euch einen Moment Zeit, um über das Feedback nachzudenken. Was habt ihr gelernt? Wie könnt ihr diese Erkenntnisse nutzen?"

Schritt 7: Anpassung und Weiterentwicklung (30 Minuten)

Anpassung und Weiterentwicklung: Die Teilnehmenden arbeiten an ihren eigenen Themen weiter und integrieren das erhaltene Feedback. Sie erweitern ihre Notizen oder schreiben sich Stichpunkte, neue Ideen etc. auf. Sie reflektieren über die vorgenommenen Änderungen und deren Bedeutung.

„Nutzt das Feedback, um eure Ansätze weiterzuentwickeln. Denkt darüber nach, wie diese Änderungen eure Perspektive verändern."

Schritt 8: Präsentation und Diskussion (30 Minuten)

Endpräsentation: Die Teilnehmenden präsentieren die weiterentwickelten Ansätze und teilen ihre Erkenntnisse mit der Gruppe. Dafür können sie sich vorne hinstellen oder am Platz stehen oder was auch immer zu deiner Gruppe passt.

Gruppendiskussion: Offene Diskussion über die Präsentationen und die nächsten Schritte. Hier entstehen bereits die Action Items.

„Teilt mit der Gruppe, was ihr gelernt habt und wie ihr das Feedback umsetzen möchtet. Wir fassen die wichtigsten Punkte zusammen und erstellen einen Plan, wie wir das Gelernte umsetzen können."

Schritt 9: Abschluss und Takeaways (30 Minuten)

Letztmalige **Zusammenfassung** der wichtigsten Erkenntnisse durch dich als Moderator:in.

Als letzten Schritt gibt es -wie soll es anders sein- eine Feedbackrunde zu dir und dem Workshop Format.

- **Was hat euch besonders gefallen?**
- **Was kann ich noch besser machen?**

Lass das Feedback schriftlich auf Moderationskarten notieren und an die Pinnwand heften. So kannst du auch morgen, nächste Woche oder zum nächsten Workshop darauf zurückgreifen und direkt umsetzen.

Schritt 10: Nachhaltigkeit sichern

Langfristige Implementierung: Mögliche Planung von Follow-Up-Workshops zur Überprüfung des Fortschritts und zur langfristigen Implementierung der erarbeiteten Maßnahmen.

Feedback-Protokolle: Erstellung von Protokollen oder Dokumentationen der Feedback-Runden für spätere Referenzen.

„Denk daran, dass der Workshop der erste Schritt ist. Plane Follow-Up-Workshops und erstelle Protokolle, um euren Fortschritt zu überprüfen und die Nachhaltigkeit zu sichern."

Platz für deine Notizen und Gedankenstützen:

Methode 5 - Feedback-Radar

Teilnehmende: 8-15 Personen
Moderatoren: 1-2 Personen (abhängig von der Gruppengröße)
Zeitaufwand: ca. 4-8 Stunden (abhängig von der Gruppengröße)

Einleitung

Willkommen zum "Feedback-Radar"! Diese Methode verwendet ein visuelles und interaktives Format, um strukturiertes Feedback zu sammeln und es in konkrete Maßnahmen umzusetzen. Durch das Erstellen eines Feedback-Radars können die Teilnehmenden unterschiedliche Perspektiven und Rückmeldungen visuell darstellen und priorisieren.

Schritt 1: Die Vorbereitung

Vorbereitung und Materialbeschaffung

Materialien: Große Papierbögen oder Flipcharts, Marker, Klebepunkte oder Klebezettel in verschiedenen Farben, Moderationskarten und Stifte.

Wenn du das „Radar- Diagramm bereits vorbereiten möchtest, im letzten Kapitel „Downloads", findest du eine Vorlage zum herunterladen.

Raumvorbereitung: Ein geräumiger, gut beleuchteter Raum mit ausreichend Platz für die Feedback-Radar-Diagramme.

„Stelle sicher, dass der Raum so vorbereitet ist, dass alle Anwesenden bequem arbeiten und ihre Ideen visualisieren können."

Schritt 2: Die Einstimmung/Eisbrecher

Eisbrecher-Übung: Eine Übung könnte z.B. "Feedback-Kreise" sein, bei der sich die Teilnehmenden in zwei Kreisen aufstellen – einen inneren und einen äußeren Kreis – so, das sie sich gegenüberstehen.

Diese kleine Übung zum Einstieg sollte den Teamkolleg:innen ein entspanntes Setting ermöglichen und Abstand zum Tagesgeschäft schaffen.

Die Übung beginnt damit, dass die Teilnehmenden im äußeren Kreis ihren jeweils gegenüberstehenden Partnern im inneren Kreis eine Minute lang positives Feedback geben, ein Kompliment machen, Lob aussprechen usw.

Nach einer Minute ertönt ein Signal, und die Rollen werden getauscht: Jetzt gibt der Teilnehmende im inneren Kreis dem gegenüberstehenden Teilnehmenden im äußeren Kreis eine Minute lang positives Feedback, ein Kompliment oder ein Lob.

Nach jeder Feedback-Runde rücken die Teilnehmenden im äußeren Kreis einen Platz nach rechts, sodass sie einem neuen Partner gegenüberstehen.

Dieser Prozess wird wiederholt, bis jeder Teilnehmende mindestens drei verschiedene Partner hatte und Feedback gegeben und empfangen hat. Diese Übung fördert eine positive Feedback-Kultur und hilft den Teamkolleg:innen, sich auf den Workshop einzustimmen.

Schritt 3: Erwartungshaltung ermitteln

Erwartungen sammeln: Jeder Teilnehmende schreibt seine Erwartungen und Ziele für den Workshop auf Moderationskarten.

Vorstellung der Erwartungen: Jeder Teilnehmende stellt seine Erwartungen kurz vor, indem er seine beschrifteten Karten nach vorne bringt und an ein Flipchart pinnt.

„Denkt darüber nach, was ihr von dem heutigen Workshop erwartet und welche Ziele ihr erreichen möchtet."

Schritt 4: Themenfindung (15 Minuten)

Themenwahl: Jeder Teilnehmende wählt ein Thema, zu dem er Feedback erhalten möchte. Dies kann eine berufliche Herausforderung, ein laufendes Projekt oder ein persönliches Entwicklungsziel sein.

Vorstellung der Themen: Jeder Teilnehmende stellt sein gewähltes Thema kurz vor.

„Denkt an ein Thema, bei dem ihr echtes, konstruktives Feedback benötigt. Es kann etwas Berufliches oder Persönliches sein, das euch aktuell beschäftigt."

Schritt 5: Feedback-Radar erstellen (60 Minuten)

Erstellung des Feedback-Radars: Jeder Teilnehmende zeichnet ein großes Radardiagramm auf ein Flipchart oder einen großen Papierbogen. Das Diagramm wird in verschiedene Segmente unterteilt, die verschiedene Aspekte des gewählten Themas darstellen (z.B. Kommunikation, Effizienz, Zusammenarbeit). *Im nächsten Kapitel findest du praktische Beispiele.*

Variante 1

Feedback sammeln: Die Teilnehmenden gehen im Raum herum und geben Feedback, indem sie verschiedenfarbige, vorher zugeordnete Klebepunkte oder -zettel in den entsprechenden Segmenten der Feedback-Radare der anderen Teilnehmenden anbringen.

Unterschiedliche Farben können für positives Feedback, Verbesserungsvorschläge und offene Fragen verwendet werden.

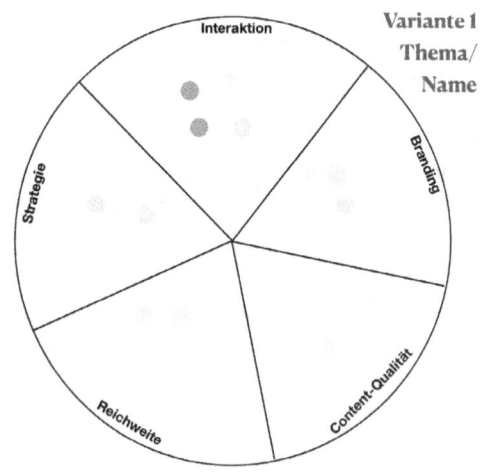

Variante 2

Feedback sammeln: Die Teilnehmenden gehen im Raum herum und geben erstes Feedback, indem sie ihre Namen in die entsprechenden Segmente der Feedback-Radare der anderen Teilnehmenden eintragen. Die Bedeutung der Farben wird vorab festgelegt.

Die Farben können für positives Feedback, Verbesserungsvorschläge und offene Fragen verwendet werden.

„Geht durch den Raum und gebt euren Kollegen konstruktives Feedback. Nutzt unterschiedliche Farben, um positives Feedback, Verbesserungsvorschläge und offene Fragen zu markieren."

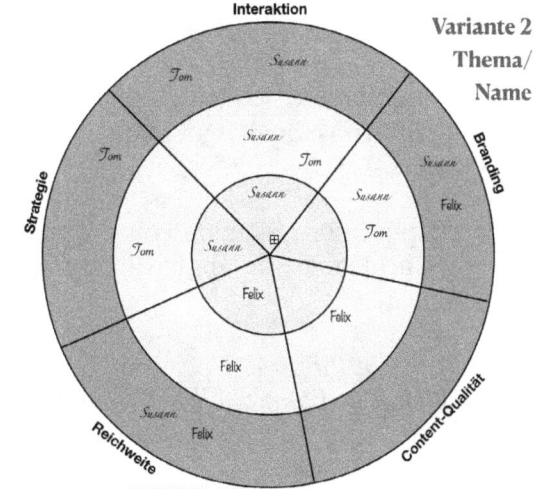

Schritt 6: Analyse und Diskussion (60 Minuten)

Analyse des Feedbacks: Jeder Teilnehmende analysiert die erhaltenen Feedback-Punkte auf seinem Feedback-Radar und kategorisiert sie.

Diskussion: In kleinen Gruppen oder im Plenum diskutieren die Teilnehmenden die wichtigsten Erkenntnisse und Prioritäten.

„Analysiert euer Feedback und kategorisiert es. Welche Themen sind am häufigsten aufgetaucht? Welche Verbesserungsvorschläge sind besonders relevant?"

Schritt 7: Maßnahmen planen (45 Minuten)

Maßnahmen entwickeln: Jeder Teilnehmende entwickelt konkrete Maßnahmen zur Umsetzung des erhaltenen Feedbacks. Diese Maßnahmen sollten spezifisch, messbar und realistisch sein.

Präsentation der Maßnahmen: Die Teilnehmenden stellen ihre geplanten Maßnahmen kurz vor und erhalten weiteres Feedback von der Gruppe.

„Entwickelt konkrete Maßnahmen zur Umsetzung des Feedbacks. Stellt sicher, dass diese Maßnahmen spezifisch, messbar und realistisch sind."

Schritt 8: Umsetzung und Follow-Up (30 Minuten)

Umsetzung planen: Jeder Teilnehmende erstellt einen Plan zur Umsetzung der Maßnahmen, inklusive Zeitrahmen und benötigter Ressourcen.

Follow-Up planen: Planung von Follow-Up-Workshops zur Überprüfung des Fortschritts und zur langfristigen Implementierung der erarbeiteten Maßnahmen.

„Erstellt einen Plan zur Umsetzung eurer Maßnahmen und legt einen Zeitrahmen fest. Plant auch Follow-Up-Workshops, um den Fortschritt zu überprüfen."

Mit dieser Methode können die Teilnehmenden strukturiertes Feedback sammeln, analysieren und in konkrete Maßnahmen umsetzen, um ihre Arbeit und Zusammenarbeit kontinuierlich zu verbessern.

Du kannst dir diese Vorlage downloaden und ausdrucken. Im letzten Kapitel findest du den QR Code zu allen notwendigen Materialien aus diesem Buch.

Platz für deine Notizen und Gedankenstützen

Beispiele und Reflexion

Als kleine Gewährleistung des tieferen Verständnissen der einzelnen Formate *„Feedback Atelier"*, *„Speedback"* und *„Feedback Radar"* findest du nachfolgend viele praktische Beispiele und eine Liste von möglichen Feedback-Themen als Impuls.

Feedback Atelier | Beispiel 1 - Kommunikation im Team

Kreative Phase 1:

Isa hat sich für ihr Thema „Kommunikation im Team" entschieden und erstellt eine Collage, welche ihre Frustration über die aktuelle Kommunikation darstellt. Die Collage zeigt verschiedene Bilder von Menschen, die aneinander vorbeireden. Sie nutze Zeitungsausschnitte und Sprechblasen mit Texten.

Schriftliche Feedback-Runden

Isa präsentiert ihre Collage und erklärt, dass sie sich u.a. oft missverstanden fühlt und dass es ihr an klaren Kommunikationswegen mangelt. Die Gruppe gibt schriftliches Feedback auf Moderationskarten.

Kreative Phase 2

Isa überarbeitet ihre Collage, indem sie positive Kommunikationsbeispiele hinzufügt und konkrete Lösungsvorschläge visualisiert, wie z.B. regelmäßige Team-Meetings und klarere Rollenverteilungen.

Präsentation und Diskussion

Die Teilnehmenden präsentieren ihre überarbeiteten Kunstwerke und teilen ihre Gedanken und Erkenntnisse.

Erkenntnisse

Durch die visuelle Darstellung der Kommunikationsprobleme und die Diskussion konkreter Lösungsansätze werden praktische Maßnahmen zur Verbesserung der Teamkommunikation erarbeitet.

Reflexionsfragen:

- Welche Kommunikationsprobleme gibt es in deinem Team?
- Welche visuellen Methoden könntest du nutzen, um diese Probleme zu verdeutlichen und Lösungen zu finden?

Platz für deine Notizen und Gedankenstützen:

Feedback Atelier | Beispiel 2 - Tägliche Überlast und Stress

Kreative Phase 1

Anton hat eine Zeichnung angefertigt, die den Stress und die Überlastung darstellt, die er in seinem täglichen Arbeitsablauf erlebt.

Schriftliche Feedback-Runden

Anton zeigt seine Zeichnung und beschreibt, wie der tägliche Druck und die ständigen Unterbrechungen seine Produktivität und Motivation beeinträchtigen.

Die Gruppe gibt schriftliches Feedback auf Moderationskarten.

Ein Beispiel wäre:
Anton „Deine Zeichnung macht den Stress sehr greifbar. Wie könnten wir die Arbeitslast besser verteilen oder Unterbrechungen minimieren?"

Kreative Phase 2

Die Teilnehmenden reflektieren über das erhaltene Feedback und arbeiten an ihren Kunstwerken weiter.

Anton passt seine Zeichnung an, indem er Strategien zur Stressbewältigung und Möglichkeiten zur besseren Zeitplanung integriert.

Präsentation und Diskussion

Die Teilnehmenden präsentieren ihre überarbeiteten Kunstwerke und teilen ihre Gedanken und Erkenntnisse.

Anton berichtet, dass das Feedback ihm geholfen hat, Wege zur Reduzierung von Stress und zur besseren Organisation seiner Arbeit zu finden. Er ist jetzt motivierter, diese Strategien auszuprobieren.

Platz für deine Notizen und Gedankenstützen:

Feedback Atelier | Beispiel 3 - Entwicklungsprozess Vision

Kreative Phase 1

Susann hat ein Modell gebaut, das ihre Vision eines idealen Entwicklungsprozesses zeigt, mit klaren Strukturen und reibungslosen Übergängen zwischen den Phasen.

Schriftliche Feedback-Runden

Susann stellt ihr Modell vor und teilt ihre Ideen für einen strukturierten und effizienten Entwicklungsprozess.

Die Gruppe gibt schriftliches Feedback auf Moderationskarten.

Ein Beispiel wäre:
Susann „Dein Modell des idealen Prozesses ist inspirierend. Welche ersten Schritte könnten wir unternehmen, um diese Vision zu realisieren?"

Kreative Phase 2

Die Teilnehmenden reflektieren über das erhaltene Feedback und arbeiten an ihren Kunstwerken weiter.

Susann ergänzt ihr Modell um konkrete Schritte zur Implementierung ihrer Ideen, wie z.B. regelmäßige Reviews und klar definierte Meilensteine

Präsentation und Diskussion

Die Teilnehmenden präsentieren ihre überarbeiteten Kunstwerke und teilen ihre Gedanken und Erkenntnisse.

Susann teilt mit, dass das Feedback ihre Vision weiter geschärft hat und sie nun einen klaren Plan hat, wie sie den Entwicklungsprozess optimieren kann. Sie freut sich darauf, ihre Ideen mit dem Team zu teilen und umzusetzen.

(„Welche Maßnahmen können wir ergreifen, um unseren Entwicklungsprozess zu strukturieren und zu verbessern?")

Platz für deine Notizen und Gedankenstützen:

Speedback | Beispiel 1 - Drei Themen von Sachbearbeitern

Themenfindung

Emma wählt das Thema „Effizienz in der Dokumentenverarbeitung". Sie möchte Feedback zu ihrer Methode erhalten, Dokumente schneller und präziser zu bearbeiten.

Tom wählt das Thema „Kommunikation im Team". Er möchte Feedback dazu, wie er die Kommunikation und Informationsweitergabe im Team verbessern kann.

Luisa wählt das Thema „Kundenzufriedenheit". Sie möchte Feedback dazu, wie sie besser auf Kundenanfragen reagieren und die Zufriedenheit steigern kann.

Speedback-Runde 1

Emma setzt sich als erstes mit **Tom** zusammen. Sie erklärt ihr Thema, und **Tom** gibt ihr zwei Minuten lang Feedback zu ihrer Idee der Dokumentenverarbeitung.

Tom könnte als Feedback geben: „Deine Methode zur Dokumentenverarbeitung ist gut strukturiert, aber du könntest Zeit sparen, indem du einige Routineaufgaben automatisierst."

Wechsel: Jetzt gibt Emma zwei Minuten lang Feedback zu Tom seinem Kommunikationsthema.

Emma könnte als Feedback geben: „Es wäre hilfreich, wenn wir wöchentliche Teammeetings hätten, um wichtige Informationen zeitnah auszutauschen."

Speedback-Runde 2

Luisa setzt sich mit **Emma** zusammen. Sie erklärt ihr Thema, und **Emma** gibt ihr zwei Minuten lang Feedback zur Kundenzufriedenheit.

Emma könnte als Feedback geben: „Kundenanfragen könnten schneller bearbeitet werden, wenn wir eine FAQ-Liste erstellen, die häufig gestellte Fragen sofort beantwortet."

Wechsel: Jetzt gibt **Luisa** zwei Minuten lang Feedback zu Emma ihrer Dokumentenverarbeitung.

Luisa könnte als Feedback geben: „Vielleicht könntest du eine Checkliste verwenden, um sicherzustellen, dass keine wichtigen Schritte ausgelassen werden."

Reflexion und Diskussion

Selbstreflexion: Jeder Teilnehmende reflektiert über das erhaltene Feedback und notiert seine Gedanken und Erkenntnisse.

Emma: „Das Feedback zur Automatisierung und Verwendung einer Checkliste ist sehr hilfreich. Ich werde diese Ideen ausarbeiten und umsetzen, um meine Effizienz zu steigern,"

Tom: „Die Idee mit den wöchentlichen Teammeetings ist großartig. Das könnte wirklich einige unserer Kommunikationsprobleme lösen."

Luisa: „Die FAQ-Liste ist eine ausgezeichnete Idee, um die Kundenzufriedenheit zu verbessern. Ich brauche dafür aber Unterstützung…"

Diskussion

Die Gruppe diskutiert die wichtigsten Erkenntnisse und plant die nächsten Schritte.

Emma: „Ich werde sofort anfangen, eine Checkliste für die Dokumentenverarbeitung zu erstellen und nach Automatisierungsmöglichkeiten suchen."

Tom: „Ich werde ein wöchentliches Teammeeting einführen, um sicherzustellen, dass alle auf dem gleichen Stand sind."

Luisa: „Ich werde mit dem Team zusammenarbeiten, um eine umfassende FAQ-Liste zu erstellen, die wir unseren Kunden zur Verfügung stellen können."

Reflexionsfragen

- Welche Themen sind in deinem Arbeitsalltag relevant für Speedback-Runden?
- Wie könntest du das erhaltene Feedback in konkrete Maßnahmen umsetzen?

Platz für deine Notizen und Gedankenstützen:

Speedback | Beispiel 2 - Ein Team von Führungskräften

Themenfindung:

Jana: Wählt das Thema „Mitarbeitermotivation". Sie möchte Feedback dazu, wie sie die Motivation ihres Teams steigern kann.

Felix: Wählt das Thema „Strategische Planung". Er möchte Feedback zu seiner Vorgehensweise bei der langfristigen Planung des Unternehmens.

Kristin: Wählt das Thema „Führungskompetenzen". Sie möchte Feedback dazu, wie sie ihre Führungskompetenzen weiterentwickeln kann.

Speedback-Runde 1

Jana setzt sich mit **Felix** zusammen. Sie erklärt ihr Thema, und **Felix** gibt ihr zwei Minuten lang Feedback zur Mitarbeitermotivation.

Felix könnte als Feedback geben: „Es wäre hilfreich, regelmäßige Anerkennung für gute Leistungen zu geben und Teamziele klar zu kommunizieren."

Wechsel: Jetzt gibt **Jana** zwei Minuten lang Feedback zu **Felix** seiner strategischen Planung.

Jana könnte als Feedback geben: „Vielleicht könntest du bei der Planung mehr Input von den verschiedenen Abteilungen einholen, um sicherzustellen, dass alle Perspektiven berücksichtigt werden."

Speedback-Runde 2

Kristin setzt sich mit **Jana** zusammen. Sie erklärt ihr Thema, und **Jana** gibt ihr zwei Minuten lang Feedback zu Führungskompetenzen.

Jana könnte als Feedback geben: „Du könntest an deinem aktiven Zuhören arbeiten und mehr Verantwortung an dein Team delegieren."

Wechsel: Jetzt gibt **Kristin** zwei Minuten lang Feedback zu Jana´s Mitarbeitermotivation.

Kristin könnte als Feedback geben: „Ein Mentoring-Programm könnte dazu beitragen, die Motivation und das Engagement deiner Mitarbeitenden zu erhöhen."

Reflexion und Diskussion

Selbstreflexion: Jeder Teilnehmende reflektiert über das erhaltene Feedback und notiert seine Gedanken und Erkenntnisse.

Jana: „Regelmäßige Anerkennung und ein Mentoring-Programm sind großartige Ideen. Ich werde diese Maßnahmen in meinem Team umsetzen."

Felix: „Mehr Input von den Abteilungen bei der strategischen Planung wird sicherlich zu besseren Entscheidungen führen."

Kristin: „Ich werde an meinem aktiven Zuhören arbeiten und versuchen, mehr Aufgaben zu delegieren."

Diskussion:

Die Gruppe diskutiert die wichtigsten Erkenntnisse und plant die nächsten Schritte.

Jana: „Ich werde ein System für regelmäßige Anerkennung einführen und ein Mentoring-Programm entwickeln."

Felix: „Ich werde Meetings mit den Abteilungsleitern organisieren, um deren Input in die strategische Planung einfließen zu lassen."

Kristin: „Ich werde mich darauf konzentrieren, meine Delegationsfähigkeiten zu verbessern und aktives Zuhören zu praktizieren."

Platz für deine Notizen und Gedankenstützen:

Feedback Radar | Beispiel 1 - Team Marketing-Spezialisten

Themenfindung

Kym: Wählt das Thema „Social-Media-Strategie". Sie möchte Feedback dazu, wie sie die Präsenz und Interaktion auf Social-Media-Plattformen verbessern kann.

Frank: Wählt das Thema „Content-Marketing". Er möchte Feedback dazu, wie er den Blog und die Newsletter-Inhalte interessanter und ansprechender gestalten kann.

Kevin: Wählt das Thema „Kampagnenmanagement". Er möchte Feedback zu ihrer Methode zur Planung und Durchführung von Marketingkampagnen.

Feedback-Radar erstellen

Kym zeichnet einen großen Kreis auf ein Flipchart und teilt ihn in fünf Segmente: **Strategie**, **Interaktion**, **Reichweite**, **Content-Qualität** und **Branding**.

Frank erstellt ein ähnliches Radar mit den Segmenten: **Themenauswahl**, **Lesbarkeit**, **SEO**, **Engagement** und **Design**.

Kevin zeichnet sein Feedback-Radar mit den Segmenten: **Planung**, **Budgetierung**, **Zielgruppenerreichung**, **Kreativität** und **Erfolgskontrolle**.

Feedback sammeln:

Die Teilnehmenden gehen im Raum herum und geben Feedback, indem sie Klebepunkte oder -zettel in den entsprechenden Segmenten der Feedback-Radare der anderen Teilnehmenden anbringen. Unterschiedliche Farben können für positives Feedback (grün), Verbesserungsvorschläge (rot) und offene Fragen (gelb) verwendet werden.

Kym erhält zum Beispiel grünes Feedback für ihre starke Interaktion mit den Followern, rotes Feedback für die Verbesserung der Reichweite und gelbe Zettel mit Fragen zur Content-Qualität.

Frank bekommt grünes Feedback für die ansprechende Themenauswahl, rotes Feedback zur Verbesserung der SEO und gelbe Zettel mit Fragen zum Engagement.

Kevin erhält grünes Feedback für ihre kreative Planung, rotes Feedback für die Budgetierung und gelbe Zettel mit Fragen zur Erfolgskontrolle.

Analyse und Diskussion

Kym: Analysiert die erhaltenen Feedback-Punkte auf ihrem Feedback-Radar. Sie erkennt, dass die Content-Qualität und die Reichweite die Hauptbereiche sind, in denen Verbesserungen nötig sind.

Frank: Sieht, dass SEO und Engagement häufige Themen im Feedback sind und notiert sich konkrete Verbesserungsvorschläge.

Kevin: Identifiziert Budgetierung und Erfolgskontrolle als Bereiche, in denen sie Unterstützung und weitere Ideen benötigt.

Diskussion:

Die Gruppe diskutiert die wichtigsten Erkenntnisse und plant die nächsten Schritte.

Kym: „Ich habe gesehen, dass viele von euch die Reichweite als verbesserungswürdig ansehen. Hat jemand spezifische Ideen oder Tools, die wir ausprobieren könnten?"

Frank: „Das Feedback zur SEO war sehr hilfreich. Gibt es Best Practices, die ihr empfehlen könnt?"

Kevin: „Ich habe viele Fragen zur Erfolgskontrolle bekommen. Wie messt ihr den Erfolg eurer Kampagnen?"

Maßnahmen planen

Kym entwickelt konkrete Maßnahmen zur Verbesserung der Content-Qualität und zur Steigerung der Reichweite, wie z.B. die Nutzung von neuen Analyse-Tools und das Experimentieren mit unterschiedlichen Content-Formaten.

Frank plant, seine SEO-Strategien zu überarbeiten und interaktive Elemente in seine Inhalte einzubauen, um das Engagement zu erhöhen.

Kevin entscheidet sich, ein detaillierteres Budgetierungs-Tool zu verwenden und regelmäßige Erfolgskontrollen durchzuführen.

Platz für deine Notizen und Gedankenstützen:

Beispiele für Feedback Themen

In diesem Abschnitt findest du eine umfassende Liste möglicher Themen für deine Feedback Runden.

Diese Beispiele sind als Impulse und Gedankenstützen gedacht, um dir und deinen Teilnehmenden bei der Auswahl eines passenden Themas zu helfen. Die Themen sind in verschiedene Cluster eingeteilt, damit du schnell und einfach den Bereich findest, der für deine aktuellen Herausforderungen und Ziele am relevantesten ist. Egal, ob es um Kommunikation oder Prozessoptimierung geht – lass dich inspirieren und wähle das Thema, das am besten zu deinem Ziel passt.

Kommunikation und Zusammenarbeit

- Effektive Teamkommunikation
- Interne Kommunikation
- Zusammenarbeit zwischen verschiedenen Abteilungen
- Remote-Arbeit und virtuelle Zusammenarbeit
- Konfliktbewältigung
- Konfliktlösung im Team

Prozessoptimierung und Effizienz

- Effizienz der Entwicklungsprozesse
- Projektmanagement und Deadline-Handling
- Prozessoptimierung
- Zeit- und Ressourcenmanagement
- Qualitätssicherung und Testing-Prozesse

Innovation und Kreativität

- Innovation und kreative Ideenfindung
- Kreativitätsförderung im Team
- Technologische Innovationen
- Innovation und Ideengenerierung

Personalentwicklung und Wohlbefinden

- Mentoring und Coaching
- Weiterbildung und persönliche Entwicklung
- Balance zwischen Arbeit und Privatleben
- Vermeidung von Burnout
- Motivation und Engagement im Team

Strategisches Management und Planung

- Strategisches Wachstum
- Langfristige strategische Planung
- Change Management
- Nachhaltigkeitsstrategien

Kundenorientierung und Marktbearbeitung

- Umgang mit Kundenanforderungen
- Kundenzufriedenheit und Benutzerfreundlichkeit
- Verkaufsstrategien und Markterschließung
- Marktanalysen und Wettbewerbsbeobachtung
- Kundensupport und Servicequalität

Organisationsentwicklung und Kultur

- Feedback-Kultur im Unternehmen
- Kulturentwicklung im Unternehmen
- Employer Branding

Sicherheit und Compliance

- Sicherheitspraktiken und Compliance
- Datensicherheit und Datenschutz
- Risikomanagement

Projekt- und Ressourcenmanagement

- Projektpriorisierung
- Budgetierung und Finanzmanagement
- Implementierung agiler Methoden

Resümee und Ausblick

Resümee

Eine offene und konstruktive Feedback-Kultur ist das Herzstück jeder erfolgreichen Organisation. Durch den systematischen Einsatz von Feedback können Teams und Einzelpersonen kontinuierlich wachsen und sich verbessern. In diesem Buch habe ich dir die theoretischen Grundlagen, praktischen Methoden und emotionalen Aspekte von Feedback beleuchtet und eine Vielzahl von Werkzeugen und Techniken vorgestellt, um eine nachhaltige Feedback-Kultur zu etablieren.
Wichtige Erkenntnisse:

- **Bedeutung von Feedback:** Feedback ist ein mächtiges Instrument zur Verbesserung von Kommunikation, Vertrauen und Zusammenarbeit. Es fördert Transparenz und schafft ein Umfeld, in dem sich Mitarbeitende sicher und geschätzt fühlen.

- **Konstruktives vs. (ab)wertendes Feedback:** Ich habe dir die Unterschiede zwischen konstruktivem Feedback, das Verhalten adressiert und Verbesserungsvorschläge macht, und (ab)wertendem Feedback, das oft persönlich und demotivierend wirkt, herausgearbeitet.

- **Emotionale Aspekte:** Das Verständnis der emotionalen Reaktionen auf Feedback ist entscheidend, um es effektiv und einfühlsam zu geben und zu empfangen. Emotionale Intelligenz und ein respektvoller Umgang sind hier von großer Bedeutung.

- **Schritte zur Etablierung einer Feedback-Kultur:** Durch klare Kommunikation, regelmäßige Feedback-Runden und die Integration von Feedback-Tools kann eine offene Feedback-Kultur nachhaltig implementiert werden.

- **Praktische Übungen und Methoden:** Die vorgestellten Übungen und Methoden bieten konkrete Anleitungen zur Durchführung von Feedback-Sitzungen und Workshops, um die Teamdynamik zu stärken und kontinuierliche Verbesserungen zu fördern.

Ausblick

- **Langfristige Implementierung:** Die Implementierung einer offenen Feedback-Kultur ist ein langfristiger Prozess, der kontinuierliche Anstrengungen und Engagement erfordert. Es ist wichtig, regelmäßig den Fortschritt zu überprüfen und die Strategien anzupassen, um sicherzustellen, dass die Kultur tief in deiner Organisation verwurzelt bleibt.

- **Regelmäßige Überprüfungen:** Führe regelmäßige Feedback-Runden und Fortschrittsüberprüfungen durch, um sicherzustellen, dass die gesetzten Ziele erreicht werden und Anpassungen vorgenommen werden können.

- **Schulungen und Workshops:** Biete regelmäßig Schulungen und Workshops an, um die Fähigkeiten der Mitarbeitenden im Umgang mit Feedback zu stärken und neue Mitarbeitende in die Feedback-Kultur einzuführen.

- **Dokumentation und Protokolle:** Nutze z.B. Feedback-Protokolle und Dokumentationen, um den Fortschritt zu beobachten und als Referenz für zukünftige Verbesserungen.

- **Nachhaltigkeit sichern:** Um die Nachhaltigkeit der Feedback-Kultur zu gewährleisten, solltest du folgende Maßnahmen ergreifen:

- **Anerkennung und Belohnung:** Zeige Wertschätzung für Mitarbeitende, die aktiv zur Feedback-Kultur beitragen. Anerkennung und Belohnungen können das gewünschte Verhalten verstärken und die Motivation steigern.

- **Anpassung und Weiterentwicklung:** Passe die Feedback-Strategien regelmäßig an und entwickle neue Methoden, um den sich ändernden Bedürfnissen der Organisation gerecht zu werden.

- **Inspirierende Beispiele und Erfolgsgeschichten:** Lerne aus den Erfahrungen anderer Organisationen, die erfolgreich eine offene Feedback-Kultur implementiert haben. Erfolgsgeschichten und Best Practices können wertvolle Einblicke und Anregungen bieten, wie du deine eigene Feedback-Kultur weiterentwickeln kannst.

- **Weiterführende Literatur und Ressourcen:** Nutze weiterführende Literatur, Online-Kurse und Workshops, um dein Wissen zu vertiefen und neue Ansätze zu entdecken. Verschiedene Bücher und Artikel bieten zusätzliche Perspektiven und praktische Tipps.

Abschließende Gedanken

Eine offene Feedback-Kultur ist ein fortlaufender Prozess, der das Engagement und die Zusammenarbeit aller erfordert. Mit den in diesem Buch vorgestellten Methoden und Techniken bist du gut gerüstet, um eine solche Kultur in deiner Organisation zu etablieren und langfristig zu pflegen. Nutze Feedback als Werkzeug zur Verbesserung und Weiterentwicklung, um ein starkes, vertrauensvolles und erfolgreiches Team aufzubauen.

Ich wünsche dir den größtmöglichen Erfolg und lerne aus Fehlern.

Gib nicht auf.

Probiere dich aus.

Downloads

Alle benötigten Materialien für deine Workshops findest du als Download auf meiner Seite:

www.anja-mehland.de/downloads.

Über mich

Ich begleite Menschen auf ihrem Weg zu persönlichen und beruflichen Zielen mit einem ganzheitlichen Ansatz.

Dieses Buch entstand aus meinem „alten Leben" als Agile Coach. Damals hätte ich mir einen Praxisleitfaden wie diesen gewünscht und deshalb gibt es dieses Buch.

Meine Leidenschaft und Erfahrung im Coaching und Training, bietet dir jetzt eine praxisorientierte Anleitung, um eine offene Feedback-Kultur in Teams und Organisationen zu etablieren. Es richtet sich an Agile Coaches, Teamleiter und alle, die daran interessiert sind, die Kommunikation und Zusammenarbeit in ihrem Umfeld zu verbessern.

Als erfahrene Coach liegt mein Fokus darauf, individuell auf die Bedürfnisse meiner Klienten einzugehen und ihnen zu helfen, ihr volles Potenzial zu entfalten.

Meine Arbeit basiert auf Ausbildungen als Business Coach, spiritueller Coach, NLP-Coach und im Bereich der Psychologie. Dadurch habe ich ein breites Spektrum an Techniken und Methoden entwickelt, die ich flexibel einsetze, um die bestmöglichen Ergebnisse für meine Klienten zu erzielen.

In meiner Arbeit kombiniere ich berufliche und persönliche Ziele mit emotionalen, mentalen und spirituellen Aspekten, die für ein erfülltes und erfolgreiches Leben von entscheidender Bedeutung sind. Eine vertrauensvolle und individuelle Zusammenarbeit ist mir dabei besonders wichtig.

Mehr über meine Arbeit und meine Coaching-Angebote erfährst du auf meiner Website anja-mehland.de. Dort findest du auch Informationen zu meinen Coaching-Paketen, Meditationen und weiteren Angeboten. Ich freue mich darauf, dich auf deinem Weg zu mehr Klarheit, Selbstbewusstsein und Erfolg zu begleiten.

Schreibt mir gerne - feedback@anja-mehland.de

www.ingramcontent.com/pod-product-compliance
Lightning Source LLC
Chambersburg PA
CBHW071939210526
45479CB00002B/750